U0603045

刑事科学技术专业
课程思政研究

杨 琳 张 阳◎著

中国出版集团 | 全国百佳图书
中国民主法制出版社 | 出版单位

图书在版编目（CIP）数据

刑事科学技术专业课程思政研究 / 杨琳，张阳著 . —北京：
中国民主法制出版社，2024.1
ISBN 978-7-5162-3501-0

Ⅰ . ①刑… Ⅱ . ①杨… ②张… Ⅲ . ①刑事侦查－技术－
教学研究－高等学校 ②高等学校－思想政治教育－教学研
究－中国 Ⅳ . ① D918.2 ② G641

中国国家版本馆 CIP 数据核字（2024）第 035495 号

图书出品人：刘海涛
出 版 统 筹：石　松
责 任 编 辑：刘险涛　吴若楠

书　　　名 / 刑事科学技术专业课程思政研究
作　　　者 / 杨　琳　张　阳　著

出版·发行 / 中国民主法制出版社
地址 / 北京市丰台区右安门外玉林里 7 号（100069）
电话 /（010）63055259（总编室）　63058068　63057714（营销中心）
传真 /（010）63055259
http:// www.npcpub.com
E-mail: mzfz@npcpub.com
经销 / 新华书店
开本 / 16 开　787 毫米 ×1092 毫米
印张 / 10.5　字数 / 212 千字
版本 / 2024 年 1 月第 1 版　　2024 年 2 月第 1 次印刷
印刷 / 廊坊市海涛印刷有限公司

书号 / ISBN 978-7-5162-3501-0
定价 / 68.00 元
出版声明 / 版权所有，侵权必究。

前　言

在构筑高等教育社会主义现代化强国的道路上，深化高校党组织的引领作用和加强思想政治工作是政治上的关键，也是基础的支持。自党的十八大以来，我国高校一直高度重视思想政治工作，提出了一系列新战略、新部署和新措施。2016年，习近平总书记在全国高校思想政治工作会议中强调，应将立德树人作为核心任务，将思想政治工作融入教育、教学全过程，特别关注优化课堂教学，不断加强思政理论课的质量，同时确保各门课程都有思政教育元素，以实现协同效应。2018年，习近平总书记在全国教育大会上进一步强调，要将立德树人贯穿教育各环节，包括思想道德教育、文化知识教育和社会实践教育，涵盖基础教育、职业教育和高等教育领域，确保学科、教学、教材、管理等各方面都服务于这一目标。教师和学生也应以此为中心，共同努力。2019年，习近平总书记在学校思想政治理论课教师座谈会上继续强调，要不断提升思政课的深度、广度、亲和度和针对性，同时充分挖掘其他课程和教学方式中的思政教育资源，确保全员、全程、全方位的德育工作。这一系列举措旨在全面提升高校思想政治工作的水平，培养更优秀的社会主义建设者和接班人。

习近平总书记的讲话为高校课程思政建设提供了明确的指导。公安院校是公安机关的重要组成部分，其使命是培养党和人民的忠诚卫士。因此，全面加强公安院校的思想政治教育，培养学生的国家热情、品德素养和科学价值观，提高他们的整体素质和警察职业意识，以培养更多高水平专业人才，具有重要的实际意义。

刑事科学技术，又称刑事技术或物证技术，是指公安和司法机关运用现代科学技术理论和方法，按照《中华人民共和国刑事诉讼法》的规定，收集、分析、检验和鉴定与犯罪活动相关的各种物证材料，以为侦查、起诉和审判提供线索和证据的专业技术。刑事科学技术在犯罪调查和审判过程中的重要性日益突出，这也为该领域的专业人才提供了广阔的职业前景。然而，国家对这些专业人才的素质要求不断提高，因此，需要建立适应时代需求的高素质刑事科学技术专业人才培养模式。

本书由辽宁警察学院刑事科学技术系杨琳、张阳两位老师撰写，是辽宁省教育厅2021年教学改革研究项目《新时代刑事科学技术专业法治意识教育融入方法研究》（项目编号：LNBKJG11432202105）、辽宁省教育厅2022年教学改革研究项目《新工科背景下犯罪现场勘查课程思政"基因式"融入的方法与路径研究》（项目编号：

LNBKJG20221143202）、大连市 2022 年度职业教育研究立项课题《公安院校犯罪现场勘查课程工匠精神培育路径研究》（证书编号：2022ZJKT35）研究成果。

　　本书分为七章，第一章介绍了高等教育新工科建设的时代背景，为读者提供了刑事科学技术专业课程的背景信息；第二章探讨了课程思政的价值观教育；第三章讨论了新时代高校课程思政建设的策略和实践路径；第四章概述了刑事科学技术专业的建设；第五章探究了刑事科学技术专业课程思政建设的法治意识基础；第六章关注了OBE（以学生为中心的教育）理念下刑事科学技术专业核心课程中的思政元素的挖掘；第七章提供了刑事科学技术专业课程思政建设的路径和措施。本书通过深入研究相关概念之间的关联性，帮助读者更好地理解相关知识，并为实际研究提供参考。

　　鉴于笔者知识有限，书中难免存在错误和遗漏之处，请读者批评指正，不胜感激。

目　录

第一章　高等教育新工科建设的时代背景

一、高等教育"四新"建设概述

推动一流本科教育和实施"四新"建设，是教育现代化和高等教育内涵式发展的重要措施。这一"四新"建设计划由教育部等相关部门提出，旨在支持新时代本科教育全面振兴。建设高质量的教育体系，被视为实现"质量中国"的关键要素。这四个新领域包括新工科、新农科、新医科和新文科。

新工科专注于新兴产业，包括领域如人工智能、智能制造、机器人、云计算等，也包括对传统工科专业的升级和改进。

新农科着重于采用现代科技改进和提升现有涉农专业，并同时布局新型的涉农专业，以满足新产业和新业态的发展需求。

新医科旨在满足新一轮科技革命和产业变革的需求，提出了生命健康全周期医学的新理念，强调预防、治疗和康养的综合性，引入了精准医学、转化医学、智能医学等新兴专业。

新文科与传统文科相比，强调学科的重组和文理交叉，将新技术融入哲学、文学、语言等领域，为学生提供综合跨学科学习的机会。

二、新工科建设理念与内涵

新工科的新颖之处可以从多个角度解释，包括工程教育理念、知识体系、范式革新和管理体系。在工程教育理念方面，新工科引入了许多"新"的概念，例如强调创新和未来导向，旨在解决教育理念、知识体系、能力结构和培养模式等领域的挑战。这使得新工科能够在其他专业建设和产业变革中发挥引领和示范作用，实现了从"适应需求"到"引领发展"的改变。关于知识体系，工程领域是多元化的，新工科需要优化现有专业的布局，包括升级现有工程学科、跨学科交叉和融合创新等方面。在范式革新方面，新工科是中国积极应对国际工程教育变革趋势的一部分，试图构建具有"中国基因"的全球领先工程教育新范式，该范式涉及工程实践、管理、产业需求和价值资本等多个领域的综合创新。此外，新工科需要敏感地适应产业需求，迅速响应科技革命和产业变革，根据新业态的特点进行全方位和全链条的工程教育布局和建设。最后，新工科建设是高等教育教学改革的系统性工程，关注工程教育改革的目标、主体、动因、情境和逻辑等各个方面要素的综合作用。尽管学者们对新工科的定义存在不同观点，但尚未形成权威的统一标准。本书更侧重于新工科在"回归工程"框架下建构中国特色工程教育新范式，以培养未来科技和产业需要的领先工程科技人才为目标的观点。

目前，学者们对新工科定义存在多种不同观点，尚未形成学界广泛接受的权威释义标准。本书更倾向于看待新工科为一种在"回归工程"理念下构建的中国特色工程教育新范式，其主要目标是培养未来科技和产业领域的卓越工程科技领袖。

三、新工科建设的特点与路径

（一）新工科建设特点

要讨论新工科建设机制，首先需要明确"机制"的含义。学界一般对"机制"有一致的理解，包括构成要素和它们之间的相互关系、运行方式以及发挥的功能作用。其中，构成要素和它们之间的相互关系是机制的核心，它们决定了机制的运行和功能。因此，本书认为，新工科建设机制主要指的是工程教育中必要要素的相互作用，按照一定规则运行，以推动新工科的组织和实施。

要推动工程教育范式的转变，探索中国独特的高等工程教育路径和模式，必须深入了解新工科的内在机制。学术界的研究表明，关于新工科建设机制的解释主要有两个方向。一方面，有学者从概念上抽象出新工科的逻辑结构和内在规律，通过分析学校或专业的改革经验，总结出新工科建设的战略规划和逻辑框架，以此阐明其建设机制。另一方面，一些学者侧重于机制的构成要素，揭示新工科的运行模式，以促进知识体系的构建和能力培养。

根据战略规划和逻辑框架，学术界主要从政策逻辑、知识逻辑和产业逻辑等方面来解释新工科建设机制。例如，一些学者认为新工科建设遵循知识逻辑、政策逻辑、产业逻辑和学科逻辑，将知识衍生视为新工科建设的最基本和核心的逻辑。另外，还有研究者关注学术机制、科层机制、市场机制和网络机制等构成要素，构建了混合协同的新工科建设框架。还有一些学者结合主体要素和作用阶段，构建了复杂的逻辑框架，以阐述国家逻辑、市场逻辑、院校逻辑与发展逻辑、治理逻辑、行动逻辑和人才培养逻辑之间的非线性关系。

根据构成要素和运行模式，学术界主要关注大学组织形式、学科专业结构、课程体系设置、教学模式改革、师资队伍建设、教学评估制度等方面，以推动新工科建设机制的功能实现。例如，一些研究者聚焦在顶层设计、通识教育课程体系设计、多维度教学评估制度的持续改进、高校自主权以及协同育人的管理文化等关键要点，以明确新工科的建设机制，并规划出具体可行的发展路径，其中包括专业培养方案的制订逻辑。另外，还有研究者关注了 CDIO（Conceive, Design, Implement, Operate）工程教育模式的关键机制，通过构建要素和保障因素，促使 CDIO 教育模式与新工科建设有机融合，并提出了有效的新工科发展路径。这一发展路径得到课程设置、教师政策、学业评价、大学文化等五个内部要素，以及国家战略、财政支持和业界参与等三个外部保障因素的强力支持，有助于新工科建设的稳步推进。

总结而言，学术界在研究新工科建设中的机制方面取得了重要的理论进展。已有研究或基于政策逻辑、产业逻辑、知识逻辑等，设计了新工科的治理和行动框架，或对大学组织形式、学科专业结构、课程体系设置、教学模式改革、师资队伍建设、教学评估制度等要素进行了制度安排和框架设计。然而，鲜有研究直接深入探讨新工科建设的机制，这也导致新工科路径设计难以规范化和体系化。目前，对于综合性研究型大学的新工科建设机制，仍需要进一步深入挖掘和提升。

（二）新工科路径研究

回顾已有文献，学者们广泛探讨了新工科的改革举措和实施路径。然而，至今为止，"路径"这一概念尚未被明确定义，一些学者主要将新工科路径研究的内容划归到人才培养模式或具体实施举措的范畴中。

一些学者以特定学校或特定类别专业的实践经验为基础，深入探讨了新工科的人才培养模式。例如，陈慧、林建等学者基于学科建设的角度，研究了多学科交叉融合和本硕贯通培养等新工科人才培养模式。顾佩华等学者则以汕头大学的创新人才培养生态系统为基础，提出了多视角融合的新工科人才培养模式。徐晓飞等学者以新工科专业群的建设经验为依据，在教育教学改革、学科交叉融合、教学方法创新以及校企协同育人等方面提出了独特的"新工科'II型'方案"。总的来说，当前学者们对新工科培养模式的研究充分体现了以学生为中心的理念，新型工程人才方案具有融合性、创新性和贯通性等特点，通过对培养目标实施规划，提出了可行的新工科发展路径。

一部分学者从系统论的角度深入研究了新工科教育治理体系的构建。例如，谢笑珍关注科教融合和产教融合在新工科人才培养中的关键作用，通过系统性的方法，逐步引入多方主体的参与，或者直接创建产、科、教、创"四位一体"协同平台，以精准地连接教育供给侧与需求侧，完善多主体合作形式和新工科实践路径。刘坤、陈通认为新工科教育治理是一个复杂的系统工程，涉及多元主体之间的相互依赖。构建新工科教育治理共同体，形成共同治理的力量，发挥最佳治理效能，对于现代化新工科教育治理体系和治理能力至关重要。总之，这些学者将新工科视为一个庞大的系统，通过理解各个主体的作用，协调复杂的治理体系关系，构建了高度一致、结构稳定、层次分明的实践共同体，为新工科的发展路径提供了坚实的框架。

总结以上观点，不论是关于新工科人才培养模式的研究，还是关于新工科治理体系的分析，都为系统性推动新工科的发展路径提供了有益的思路。然而，我们仍需深入研究新工科发展路径的生成逻辑，以及如何确保新工科建设项目的常态化和长期稳定，这些问题都需要我们更深入地从新工科建设机制的角度进行探讨。

四、新工科背景下人才培养研究现状

2010年6月，教育部启动了"卓越工程师教育培养计划"，标志着"卓越计划"的开展。随后，2017年2月，在复旦大学举行的综合性高校工程教育发展战略研讨会形成了"复旦共识"，为新工科建设的开展奠定了基础。在国家积极推进新工科建设的大环境下，学者们投入了大量精力研究和探索如何实施新工科建设。这些研究和探索包括了制订顶层规划，也包括了具体的方法和路径。在探索新工科建设的具体方法和路径方面，学者们从不同角度出发，提出了各种人才培养模式、培养体系、专业建设、教学模式改革、课程体系改革、课程思政建设、实验室建设、学生创新能力培养、教师能力素质培养等方面的构想。这些研究不仅揭示了高校在新工科人才培养中存在的问题，还提出了解决方案，积累了丰富的研究成果，为刑事科学技术新工科建设和人才培养提供了宝贵的经验和借鉴。

在吸收其他普通高校在新工科领域的研究成果时，我们也需要明确刑事科学技术新工科人才培养与其他高校普通专业新工科人才培养之间的相似之处和不同之处。只有深刻理解这些共通性和差异性，才能充分借鉴其他高校的经验，避免盲目照搬以及不合适的应用。

首先，就人才培养理念而言，刑事科学技术是一门综合性学科，它综合运用了自然科学和社会科学的知识和技术，为犯罪侦查、起诉、审判提供关键线索和证据。这种综合性使得刑事科学技术的人才培养理念与当前新工科强调的学科交叉和融合相契合。然而，刑事科学技术强调应用性和实践性，这也决定了在其建设和人才培养过程中，不仅需要追求未来的创新与变革，还需要坚持服务实际战斗和强调应用技能的基础。

其次，考虑到刑事科学技术在工科体系中的独特性，它能够从其他新工科人才培养研究成果中获益并对其产生影响。与此同时，刑事科学技术作为一门相对特殊的工科专业，需要在新工科建设的框架下积极创新，以满足公安实际需求，培养多元化、具有创新精神的刑事科学技术专业人才。

最后，刑事科学技术专业人才培养的提升也需要通过教学改革、课程创新、培养创新能力、完善教学平台等多种途径来实现。但与其他工科专业不同的是，公安院校与公安机关校局的合作为刑事科学技术专业的学生提供了特殊的支持，使他们更有机会成为符合公安机关"卓越工程师"标准的人才。

第二章 课程思政的价值观教育研究

第一节 课程思政引发的教育观念改革

中国特色社会主义进入新时代的政治判断是对时代要求的积极响应，也标志着马克思主义在中国的创新与发展。这一判断的核心在于社会主要矛盾的演变。新时代强调人民不断增长的美好生活需要，突显了人的全面发展和价值观的重要性。这也反映出当前社会价值观念与人们的思想道德水平之间的矛盾，需要通过更新的价值观教育理念来解决。"课程思政"应运而生，统一知识教育与价值观教育，推动全面发展，强调了党的全心全意为人民服务的宗旨，凸显了"以人民为中心"的核心价值。这一举措开创了新时代价值观教育的新途径，有助于满足时代需求并塑造更好的价值观。

一、课程思政概念基本内涵

概念在思维中扮演着基础的角色，它代表着对事物本质的把握，超越了表象和现象的复杂性。"课程思政"将思想政治教育融入专业课程，为课程注入核心思想，旨在拓宽思政教育的传递渠道，将其融入专业课程的主要教育过程中，使学生在学习专业知识的同时，更深刻地理解社会主义核心价值观的科学性和真理性，将这种理解转化为实际行为和决策。这有助于进一步明确"课程思政"的核心概念，突出其重要性，使思政教育能够更好地回归到自身，并推进思想政治教育的学科理论体系建设。

（一）课程的双重功能：知识传授和价值观教育

课程的双重功能，即知识传授和价值观教育，它根植于人的本质属性和社会的需求。"课程思政"的核心是唤起课程中的育人因素，明确了育人的宗旨。这意味着课程应当同时满足学生学习知识的需求和塑造价值观的需求，确立了育人方向，为教育工作者提供了共同的目标。

首先，人类的本质属性要求课程承担双重功能，即知识传授和价值观教育。这是因为人类本质上具有自然性和精神性双重特征，而这两者的统一构成了人的社会性本质。知识教育使人能够掌握技能和知识，创造物质财富，满足了人的自然性需求。同时，理论教育也被认为是一种"理智教育"，它不仅增长了知识，还开阔了思维，使人能够更灵活地转换不同的观念。不同学科的知识体系构成了人的精神性的基础，因为它们包括了思想、理想和信念的发展和要素，这些构成了人的精神生活的核心。

实现精神性表现为对理想和信念的追求，以及对生命意义和价值的深刻思考。不同学科门类的知识体系成为了构建个体的"意义世界"的基础。因此，只有同时实现自然性和精神性，才能使个体成为一个完整的存在。知识教育和价值观教育的结合，有助于塑造具有丰富内涵的人类个体。

精神性和自然性的融合构建了人的社会性，意味着人类不是孤立于世界之外的存在，而是生活在现实社会中的社会性动物。这个社会性不仅是人类存在的基础，也是实现个体自由和解放的前提条件。人的社会性意味着人需要生活在共同体中，需要对共同体价值观有认知和认同，将其视为自己行为的法律准则。

在这一背景下，共同体的核心价值观必须具有真理性和科学性，才能被共同体成员认知、理解和认同。这种认同不是被动的，而是内生的动力，使共同体成员愿意践行这些价值观。因此，将这一理念提升至新时代中国特色社会主义建设层面，意味着在尊重个体社会性的基础上，实现了个体的教育与培养的统一。这也使个体的价值观与社会主义核心价值观达成和解，提升了个体行为的合理性。

这一过程也是个体不断向全面发展目标迈进的过程，其中的"全面"意味着个体在成长过程中实现了自然生命意义和精神生命意义的双重肯定。这个过程以普遍性的规律和原则为行为立法，并促使个体逐步实现全面发展的终极目标。

在新时代的背景下，社会发展的实际需求对课程承担知识传授和价值观教育双重功能提出了外部压力和推动力。人们的期望不仅局限于物质生活水平的提升，也更加强调精神生活质量的改善，追求生活更多元化、更富有内涵。中国特色社会主义建设着眼于解决社会的主要矛盾，即不断提高人民的幸福感、获得感和安全感，以实现全体人民共同富裕。

在这一背景下，思想政治教育需要积极响应新时代中国特色社会主义建设的实际需求。这种教育旨在培养既拥有坚实的专业知识和卓越的实践技能，同时也具备崇高道德情操的建设者和继承者。这些人才不仅要有能力为社会发展贡献实际成果，还要在精神和道德层面上展现出高尚的品质。

在新时代背景下，应对意识形态领域的新挑战至关重要，而这需要课程具备知识传授和价值观教育双重功能。马克思曾经明确强调过，某种意识形态的瓦解足以导致整个时代的覆灭。在中国，以马克思主义为指导的中国特色社会主义意识形态是主导意识形态。然而，新时代下，我国的意识形态面临多重挑战，这包括国内外的因素。国内出现了多元的价值观观念和非主流社会思潮，这在一定程度上削弱了主流意识形态的引导和影响力。同时，面对来自西方的意识形态渗透、文化霸权的侵蚀以及强大的文化输出，我们也面临着巨大的挑战。在社会层面上，网络传播的发展也对意识形态的控制构成了挑战，尤其是来自西方的网络力量对主流意识形态构成了威胁。网络空间中的不文明现象也对社会主义核心价值观形成冲击。因此，为了确保国家意识形态安全，我们必须在意识形态领域拥有话语权、领导权和管理权。价值观教育需要充分发挥其在铸魂育人方面的功能，以坚守国家的意识形态安全。

总结而言，课程在承担知识传授和价值观教育双重功能方面，不仅有助于实现人的全面发展，还积极响应了社会主义建设对人才的现实需求，同时有效地应对了新时代背景下意识形态领域的新挑战。这正是我们在审视课程的功能时需要根据新时代社会发展建设需求来考量的核心要点。

（二）"课程思政"是思想政治教育在专业课中的"延伸"

将重点放在专业知识的传授上，会导致人只被视为有用的工具，用来满足物欲，而真正的教育应该引导人理解价值观，培养强烈的价值情感，使他们能够分辨是非，辨别善恶和美丑。将思想政治教育融入"专业课"是对社会主义建设所需人才的积极响应，它实现了教育和培训在塑造人的思想和价值观方面的协同作用，形成了育人的重要合力。

首先，将思想政治教育融入专业课程有助于明确课程在育人方面的指导作用。传统的价值观教育常常脱离实际培养人才的需要，容易陷入抽象和神秘，而将思想政治教育纳入专业课程则旨在建立和强化育人的"主渠道"，确保立德树人的任务贯穿于高校的各项工作之中。需要强调的是，思想政治教育在专业课程中的延伸并非强制性灌输或者外部添加，而是通过挖掘和提炼课程中已有的人文和价值元素，实现育人和育才的相互融合和协同，使"课程"和"思政"在育人过程中同向同行。

其次，将思想政治教育融入专业课程中有助于重新审视和回归育人的初心。教育的本质在于引导人实现全面的自由发展，将人塑造成具备自然性和精神性、实现社会性统一的个体。黑格尔提到人的"思维"，马克思则认为人能使自己的生命活动成为自己的意志和意识对象。这些观点强调了人具有将现实提升为自己创造的可能性，从而达到更高层次的"善"。因此，挖掘个体的潜力，将个体的本质还归给个体自身，提升其多样性和完整性，实现个体的全面自由发展是教育的根本目标。将思想政治教育融入专业课程有助于重新思考和回归这一育人的本质初心。

最后，将思想政治教育融入专业课程中是提高思想政治教育效果的必然之举。"课程思政"正视传统教育中知识传授与价值观教育分离的问题，实现了思想政治教育在专业课中的延伸。这种延伸意味着专业教育与思想政治教育相互交融，是对课程育人元素的挖掘和提炼，是课程教育自觉的培育。这种延伸促使课程的精神层面不断壮大，丰富并深化了课程教育的内涵，使课程教育明确放弃了对"价值中立"的坚守。当知识教育融合思政元素时，它就具备了明确的方向和科学的价值立场。课程承担起知识传授和价值观教育的双重功能，不再坚持错误观点，即育人只能由思政课单独承担。它明确课程在育人方面的责任，引领育人方向，整合育人力量，提高思想政治教育的实效性。在育人过程中，思政课不再孤立，而是成为所有课程共同育人中杰出的引领者。

总结而言，人是一个经历过程的存在，其本质在生存实践中展现出来，个体自然生命的延续和精神生命的成长与社会的发展变化呈现同步性。这个观念体现了对人成长过程的理解，即成为人的过程性思维。这意味着在成长过程中，人不断认识和实现自己的本质。黑格尔指出，主体等于其一系列行为的总和。如果这些行为缺乏科学性和合理性，就是没有价值的，那么产生这些行为的主观意愿也是无序和没有价值的。因此，人需要通过教育引导来提高行为和动机的真理性，增进一系列行为的科学性和合理性。思想政治教育延伸至专业课程，使育人共识得到高度凝聚，促使知识教育与价值观教育的统一融合成为可能，为帮助人在成长过程中创造条件提供了重要支持。

（三）"课程思政"成为全部课程教育的"灵魂"

从本质上说，灵魂是社会意识的表现，情感、价值观和信仰是其重要组成部分。"一个国家、一个民族不能没有灵魂"这一说法强调了灵魂对国家和民族的重要性。"课程思政"通过挖掘课程中蕴含的思政元素，将其融入整个知识教育过程，为育人开辟了一条新的道路，这种道路如春风细雨，悄然滋润，培育了育人的"主渠道"，促使课程的精神层面不断增长，有助于树立马克思主义精神，弘扬社会主义核心价值观。

首先，我们需要唤醒课程中蕴含的育人潜力，充分发挥课程的育人功能。除了学习专业知识和技能，我们也必须在思想和政治方面不断进步。毕竟，"没有正确的政治观点，就等于没有灵魂"。这强调了学习过程中明确政治价值立场的重要性，它是找到灵魂方向和归宿的关键。为了激发课程的育人潜力，首先要发挥思政课的主导作用，清晰明确马克思主义理论，教育和引导受教育者深刻理解马克思主义的核心原理，通过这个"思想的闪电"激发受教育者内心的信仰，帮助他们塑造真理性的崇高理想，建设美好的"精神家园"。此外，"课程思政"要挖掘专业课程中蕴含的育人元素，有机地融入专业知识的传授过程中，明确课程教育的价值取向，集结共识，确保思政教育渗透到整个课程、育人、教学体系中。通过统一培养人和培养特定类型的人才的理念，引导受教育者脱离个人利益，追求更广泛的社会利益。

其次，我们需要实现课程精神生命维度的成长，以赋予课程灵魂，就如同灵魂与肉体之间的关系。在这个关系中，价值观教育扮演着课程的灵魂角色，注入课程以精神生命；而知识教育则是课程的肉体，提供课程以自然生命。黑格尔曾提出："灵魂和肉体属于同一个生命，但也可以说，两者是个别存在着的。"这意味着知识教育和价值观教育不可分离，共同努力实现人的全面发展。虽然它们各自服务于不同方面，知识教育传授客观知识，满足人的自然需求，而价值观教育传播价值理念，追求人的精神性目标，二者都为实现人的完整性而努力。因此，知识教育与价值观教育是不可分割的，就如同"没有肉体的灵魂不是活的东西，倒过来说也是一样的"。而肉体的成长和发展需要听从灵魂的引导，否则，肉体就可能迷失方向，成为可怜的存在。因此，要实现真正复合的生命，也就是肉体和灵魂的统一，价值观教育和知识教育必须共同发挥作用。这也是"课程思政"追求的目标，它旨在赋予知识教育明确的价值导向，推动课程的精神生命维度的成长。在这个过程中，马克思主义作为以人民为中心的价值观，强调实现人的完全自由和解放，具备强大的生命力和理论力量。因此，"课程思政"努力为课程注入灵魂，实现知识教育和价值观教育的深度交融，发挥课程的育人潜力，以此实现教育的本质。

通过"课程思政"，使所有课程不再仅限于知识传授，而是以蕴含的思政元素为纽带，融入课程价值元素，唤醒育人意识，引导受教育者深刻领悟社会主义核心价值观的科学性，并自觉将其作为实践活动的准则，从而筑牢民族魂的重要保障。

总的来说，"课程思政"通过深入挖掘课程中蕴含的价值元素，将价值引领融入知识传授，明确育人方向，凝聚育人力量，激发课程育人的主动性，促使课程充分发挥育人功能，从而成为所有课程教育的核心。

二、传统教育体系中专业教育与思想政治教育分离

传统教育中，专业教育与思想政治教育存在显著的价值观差异，表现为"两张皮"现象，凸显了育人问题。学科壁垒导致专业教育对思想政治教育持有"主观偏见"，而思想政治教育则趋向"孤芳自赏"，突显了价值观分歧所带来的挑战。

（一）专业教育与思想政治教育的"价值观分歧"

专业教育的目标是传授专业知识和技能，使学生具备从事特定职业所需的知识和技能。而思想政治教育则具有双重职责：一方面，它通过教育引导个体成长为更好的人；另一方面，它促使个体与社会共同体的价值观达成一种共识，培养他们成为有责任感的公民。

首先，专业教育的焦点是培养特定类型的人才，通过传授知识和技能使个体具备谋生所需的能力。在自然科学课程中，专业教育强调客观呈现和传递专业知识，着眼于揭示普遍规律和原理。然而，由于过于强调知识传授，可能导致过度追求"知识人"塑造，偏离了教育的双重使命，忽视了个体的精神性和生活本身。虽然专业教育推动了社会专业化、科技进步和生产力发展，但在全面发展方面存在失衡，因为人的精神

性被忽视，导致了价值观缺失和意义世界的消解。

其次，思想政治教育着眼于培养个体本身，旨在塑造他们成为既有远大理想和坚定信念的个体，又能正确处理个人与共同体关系的人。这既关涉到人生的真善美层面，又牵涉到在政治生活中正确理解和处理社会关系的层面。然而，社会实践中存在一些问题，一方面表现为思想政治教育在解释和应对社会问题方面的不足，另一方面则显示出受教者对这种教育的排斥和厌倦情绪。在脱离专业教育基础上进行思想政治教育，会导致其缺乏说服力和解释力。同时，若忽视专业教育，将剥夺个体实现精神性的物质和智力支持，使得思想政治教育仅停留于虚无的说教。正如"思想本身根本不能实现什么东西，思想要得到实现，就要有使用实践力量的人"所指出的，紧迫之务在于清醒认识到脱离实践来探讨思维的现实性是一种经院哲学问题。单方面追求育人可能破坏人的完整性存在，因为人的活动是有意识的，而人的意识的能动性只有在具体的社会实践中才能真正实现个体的本质。

总体而言，专业教育与思想政治教育之间存在明显的价值观分歧，这导致了在育人导向和实践路径上的显著差异。然而，我们必须深刻认识到，从个体自身的角度看，实现"培养人本身"与"培养某种人"的融合统一是实现个体本质的内在要求。这意味着一个完整的个体不仅需要具备专业知识和技能，还需要具备坚定的理想信念和正确的社会价值观。

从社会的层面来看，实现专业教育和思想政治教育的统一是应对和解决社会主要矛盾、促进社会全面进步的现实需要。社会既需要有专业人才来推动科技发展和产业进步，又需要有思想政治素养的公民来构建和谐社会关系、参与社会治理。因此，将专业教育和思想政治教育融会统一，使之相互促进、相得益彰，是实现个体全面发展和社会全面进步的关键路径。这样的综合教育既能培养出具备专业素养的人才，同时又使其具备深刻的人文关怀和社会责任感，从而更好地适应复杂多变的社会环境。

（二）功利主义教育观对思想政治教育存在"主观偏见"

19世纪英国的主要教育思想之一是功利主义教育观，其在当时对专业和技能型人才的需求有一定历史合理性。然而，随着社会的不断发展，功利主义教育观逐渐显露出在人格塑造和价值引领方面的无力。由于过度强调工具理性和技术理性，道德失范、价值迷失和精神空虚等社会问题愈发显著。

首先，功利主义哲学的核心思想是由杰里米·边沁阐释的。在他看来，快乐和幸福与道德善的含义是一致的，即在所有可能的情境中，产生最大快乐超过痛苦的情境被认为是最善的。功利主义包含三个核心原则：后果原则、功利原则和最大化原则。后果原则将行为的价值衡量标准定为其带来的快乐量，这与康德的义务论形成对立。功利原则注重个体的快乐、幸福和痛苦，体现了英国经验主义哲学的特色。根据边沁的观点，行为只有在产生让人感到快乐或幸福的后果时才是善的，而如果行为的结果是痛苦，那么这种行为就是恶的。他主张每个人都应该追求自己认为的幸福。最大化原则集中表述为"最大多数人的最大幸福"，强调通过将个体的快乐感叠加起来以实现最大多数人的最大快乐。为此，边沁提出了相关的衡量标准。总体而言，功利主义被视为一种强调"量化"的快乐主义和个人主义的哲学观。

功利主义哲学思想在某个历史阶段推动了科学进步和物质文明的建设。然而，功利主义的价值观存在将主体感受作为对科学成果进行唯一价值判断标准的问题，忽略了科学内在的真、善、美等价值。按照功利主义的理念，每个人都根据个人主观需要给出对幸福的不同衡量标准，使人的行为完全受"感性幸福原则"支配，缺乏一种"应该"的意识和自觉。黑格尔指出，"由于幸福的各种规定是现存的，所以它们不是真正自由的规定"。换言之，幸福的规定并不适用于自由的真实规定，因为幸福的衡量尺度完全取决于个体的主观需求，是相对"任性"的。真正的自由实现需要超越"任性"，上升至共同体的层面，追求更高层次的解放。这表明功利主义对于自由和共同体的理解存在局限，无法为真正深刻的自由提供有效的指导。

其次，功利主义哲学思想构成了功利主义教育观的理论基础，而商品经济的崛起则成为功利主义教育观逐步盛行的外部推动力。这一教育观在当时英国工业革命和科技发展的背景下应运而生，因此具有一定的时代价值，是当时哲学思潮的凝练。工业革命和科技的快速发展引发了对人才的不断需求，政治运动激发了工人阶级对自由和教育的维权意识，而教育思潮的多元化和经验主义、联想心理学的认识方法为功利主义教育观的形成提供了可能性。

尽管功利主义教育观在其诞生时具有一定合理性，但随着社会的演进，其深受经验主义哲学影响的局限性逐渐显现。这表现在功利主义教育观过于强调实用性和功利最大化，而忽视了人文在个体人格塑造中的重要作用。这种片面的追求导致了工具理性的膨胀和价值理性的迷失，使人在日益工具化的过程中失去了自我认同。因此，功利主义教育观在引领社会发展方面显露出价值的缺失。

再次，功利主义教育观在培养目标上呈现过度偏重工具理性而轻视价值理性。随着社会现代化进程的迅速推进，人们普遍将科学技术视为社会发展的决定性力量，过于狭窄地关注专业知识学习和技能培养，而忽略了个体的精神追求，导致人们在度量中沦为技术的奴隶。这使得推动实现人的自然性与精神性全面发展的内在张力逐渐消失，实然与应然存在的统一关系遭到割裂，人的完整性受到破坏。

尽管以"有用性"和"实用性"为导向、以技术型和应用型人才培养为目标的教育理念在某种程度上是合理的，但工具理性的过度强调使得价值理性被掩盖。在专业设置、学科发展和课程教学方面，难以充分发挥其应有的功能，而对情感、意志道德等精神层面的内容关注不足，在一定程度上违背了人的培养规律，使人变成了与整体无多大关系、残缺不全、孤零零、碎片化的存在。这种知识专业化的倾向不断加强，学校变成了"知识人"的加工厂，而过度膨胀的知识论倾向将人的信仰赶出精神生命，使人处于异化状态，本质被掩蔽。

最后，功利主义教育观在教学内容上过分强调知识传授而忽视了价值引领。在工具理性的推动下，功利主义教育观将教育定位为社会的"服务站"。第一，在知识价值观方面，教育基于"知识就是力量"的信条，追求知识和技能的掌握及应用。第二，在教育手段和方法多样化、多媒体教育迅速发展的条件下，尽管教育在追逐、适应、传授和表达"何以生存"的技术呼声方面不遗余力，但学校教育对一系列社会问题的解释能力逐渐式微，批判和反思功能呈现弱化趋势，偏离了教育的初衷，背离了教育的本质。教育生态逐渐恶化，教与学的异化加深，人文底蕴被湮没，工具理性独自操控着人的生活。由于价值理性的缺失，人们只能得到世界和人生的碎片，无法构建起世界与自我的整体镜像，这显然是一种空谈。

总的来说，在功利主义教育观主导的教育实践中，对功利的无理性、无节制的追求导致了对人的自然性与精神性的割裂，产生了知识对价值的僭越。然而，我们不能忘记"教育是人的教育，社会是人的社会，教育的发展和社会的发展最终都是以人的发展为目的"的基本理念。在重视人的自然属性的同时，中国特色社会主义教育应该注重观照人的精神诉求。正如，"人却懂得按照任何一个种的尺度来进行生产，并且懂得处处都把固有的尺度运用于对象"，这表明人的生产活动遵循内在和外在尺度的统一。因此，人类与动物不同，人的活动是有意识的，是实现自我、超越自我，并通过实践活动使现实逐渐趋近于理想中的状态。教育的目标应该是通过统一人的自然性与精神性，使人成为真正的人。在现代教育中，我们既要关注专业知识和技能的传授，同时也要加强对价值的引领，使受教育者在社会生产实践中领悟生命的真谛，感知道德的深刻含义。这样的教育理念能够更全面地促进人的全面发展，让个体在成长过程中不仅具备专业素养，还能够拥有坚定的道德信仰和深刻的人生体悟。

（三）思想政治教育绕开专业教育的"孤芳自赏"

思想政治教育在传统育人理念指导下由于回避知识教育而陷入"孤岛化"困境，因未基于辩证唯物主义和历史唯物主义思考育人问题，体现出形而上学思维方式，导致脱离实践的片面育人。与马克思主义的观点相悖，它绕开知识教育，陷入理论说教的旋涡，表现为"孤芳自赏"。

首先，它忽略了对人的自然性的精神性欣赏。马克思认为教育理论应该抓住人本身，即对人的社会性给予充分认知和尊重。然而，传统教育中的思想政治教育绕开了知识教育，导致其价值思考变得空洞无物。理论需要在实践中证明自己的真理性，而思想政治教育却忽视了对实践的关注。实践是构建"意义世界"的基础，人必须在社会中生活，才能体验生命的美好和道德的意义，感受到理想、信念等丰富精神元素，而这些只有在现实的社会实践中才能真正展现。

综上所述，思想政治教育需要回归知识教育，充分认识人的自然属性，建立在对人的社会性的充分认知和尊重之上，使理论在实践中得到验证，推动"意义世界"以真实生活为基础的构建，从而丰富人的精神生活。

其次，思想政治教育在回避专业教育的价值观方面存在脱节。未能充分考虑来自不同专业的受教育者的特点，导致教学设计缺乏个性化，使得受教育者的主体性被压制，理论与实践脱节。在课程中，原本蕴含的人文精神和价值元素变成了无人问津的陈旧口号。这导致受教育者对思政课产生抵触情绪，表现为对人生目标和价值理想的懈怠和茫然。

面对西方腐朽势力的侵袭、非主流意识形态的袭扰以及多元社会思潮的冲击，思想政治教育未能充分发挥其引领功能。未能使受教育者树立勇敢面对多元社会思潮并表达拒绝的自信，未能激发受教育者向西方腐朽势力宣战的勇气，导致价值观的混淆、道德行为的偏离等社会问题日益突显。

此外，高校思政课教师和专业课教师由于学科背景不同、职责相对独立，形成各自的思维定式。这长期以来导致对课程思政和协同育人的认同和主动性不足，直接影响了思想政治教育在协同育人方面的效果。

最终，思想政治教育脱离育才的片面导向，忽视了人的本质属性中育人与育才的内在统一。这种脱节导致知识与价值的分离，引发了人的成长过程中自然性与精神性的不均衡。教育被理应指向人的灵魂深处，成为一项崇高的事业。

然而，实现"解放"是一项历史活动，与思想活动有别。这种"解放"受到历史关系、工业、商业、农业和交往状况的推动。工业、商业、农业的发展离不开专业知识和技术的支持，这是为了满足人们的物质生活需求而不可或缺的。通过培养专业化的人才参与生产建设，人们不仅延续了自然生命，还在社会生产实践中反思自身创造条件，提供智力支持。人的精神性正是在这种反思的过程中得以彰显。

因此，片面追求育人或育才的教育方式掩盖了人的自然属性，违反了人的成长规律，偏离了教育的初衷。育才与育人应相互交融，二者不可分割。育才为育人提供物质保障和智力支撑，只有二者结合，人才能真正成为认识世界和改造世界的主体，成为自己的主人。

总的来说，思想政治教育避开专业教育的片面育人观念既不切实际又不合理。科学和真理性的价值观只有在实践中才能被理解和验证。为了更好地实现育人的目标，思想政治教育应该紧密结合现实需求，站在当代知识的高度，与专业教育协同发展，承担起育人的责任，真正践行育人的使命。

三、"知识即力量"到"知识即信仰"的教育观念变革

"知识即力量"教育观旨在通过知识学习和技能掌握提高人的认知自然和改造世界的能力，满足欧洲社会发展和科技进步的需求，促进社会进步。然而，随着时间的推移，这一观念引发了一系列社会问题，使知识变得枯燥空洞，人的精神生活沦为虚无和颓废，仿佛受制于动物的生存法则。面对严峻的社会问题，人们迫切需要转变教育观念，从"知识即力量"向"知识即信仰"飞跃，以重新塑造社会的人文精神，使教育回归对人性的关怀和对信仰的重视，为社会创造更有深度和意义的发展路径。

（一）近代"知识即力量"信条的兴起

在 16 世纪之前，宗教神学和经院哲学作为中世纪独特的哲学形态，抑制了欧洲社会的进步思想，使科技发展难以摆脱宗教神学的束缚。知识被贬低，成为信仰的奴仆，其与《圣经》的一致性成为衡量知识的标准。知识受到宗教思想的压迫，备受冷落。直到 13 世纪，社会经济的发展激发了人们对知识的关注，教会中对实现教义"合理化"的追求在一定程度上推动了知识地位的提升。然而，这并未真正改变知识作为信仰奴仆的地位。

尽管知识曾受到宗教神学的限制和束缚，但仍然不断努力摆脱这些制约，寻求更为自由和开放的发展路径。14—16 世纪的文艺复兴和宗教改革运动唤醒了人们独立思考的自由探索精神，理性的力量在思想中逐渐崛起，科学的实用价值和现实作用备受关注，知识的价值逐渐得到了应有的认可。然而，这一觉醒遭到封建神权统治力量的强力镇压，预示着结束知识被轻视的黑暗时代将是漫长而艰难的过程。然而，正是这段黑暗时期积聚了科学冲破宗教束缚、争取独立和自由的力量，培育了培根有关知识价值与功能的学说。

培根深刻论证了知识并非仅停留于头脑中的纯思维，认为只有掌握自然规律，才能洞悉真理并获取自由。这为他提出"知识即力量"的口号奠定了理论基础。从人类驾驭自然、改造自然、社会发展、国家治理到个体自我完善等多个角度，培根阐释了知识的多重功能。这些理论不仅在学术和理论上有着重要意义，而且在实践中具有深远的革命影响。马克思认为培根是英国唯物主义和整个现代实验科学的真正始祖，他的"知识即力量"体现了启蒙精神，引导了西方哲学的转变。培根主张通过科学实验获得新的发现，他认为深入自然、进行实地调查和实验是认识自然的最佳途径。这一"知识即力量"的信念是培根对知识驾驭自然的自信的集中体现，为当时迷茫的欧洲人指明了向自然奋斗的方向。此外，培根认为自然法则和政治法则在实现国家政治稳定、国力强盛方面发挥着同等重要的作用。政治体制的改革和君主权威的巩固都需要

科学知识的支持。因此，"培根的哲学纲领以改造科学为主旨，内容则服务于他庞大的政治纲领"。

"知识即力量"的观念主张只有通过观察事实提供证据的论断才算作知识。在这一理念中，真理与意义被分离，导致责任伦理成为缺失的元素。虽然这一观点推动了人类"知"的功能的全面发展，培养了在科学研究中追求真理的崇高品质。然而，同样需要认识到这一观点也确立了人类自我创造真理的绝对权威，从而使人与自然形成对立。因此，我们必须深刻理解科技虽然提升了人类认识和改造自然的能力，改变了生活，但并非生活的全部。

（二）社会进步中科技生产力的界限

实现人类社会的全面进步基于物质文明与精神文明的协调发展。在考察人的本质层面，物质文明关注人的自然生命延续，而精神文明致力于人的精神生命成长。人的本质的充分实现取决于自然性和精神性的统一，需要通过共同推动物质文明和精神文明的建设来实现。

首先，科技生产力的局限显现为缺乏价值理性。市场经济的追求利润导致人们过度沉迷于崇拜物质和科技。在这过程中，工具理性膨胀而价值理性减弱，形成了失衡态势。科学的进步促进对自然知识的扩展，却引发了自然道德和责任的萎缩。人们将"以何为生"作为唯一关注的话题，而动物的生存法则支配了生活世界，使生存和生命的意义淡化。这导致了精神颓废、道德失范和社会秩序混乱等问题的不断涌现。尽管科学技术是创造奇迹的工具，却面临着推广和应用中的"偶然性"和"任性"，缺乏"合理性"。这种矛盾凸显了工具理性张扬和价值理性式微，使科技成果在推广和应用中显得"任性"且缺乏合理性。这些问题的根本原因在于缺失价值理性，导致人的精神性受到抑制，缺乏明确的价值判断标准。

其次，尽管科技生产力的不断发展在一定程度上推动了社会的进步，却止步于构建人的精神世界。知识成为追逐名利的工具，在这过程中人渐失自我，人生的价值、目的和意义消失无踪，导致人与自然、社会和自身疏离。对经济增长速度的盲目追求、物欲的膨胀和商品拜物教的盛行引发了严重的资源、能源、人口和环境问题。在利用科技手段对自然资源进行无理性掠夺的同时，人们忽略了人作为社会存在物在生产过程中应遵循的合规律性与合目的性的统一，全然忘记了用来衡量一切生产活动的"固有的尺度"。然而，马克思在《1844年经济学哲学手稿》中指出"自然界，就它自身不是人的身体而言，是人的无机的身体"。人对自然的破坏即是对自身生命的践踏。这些问题需要通过反思来认识，需要进行思想、观念和价值观的引领，仅靠科技的力量是无法解决的。占据绝对优势的功利主义教育观因无法解释和应对一系列社会问题而变得紧张。科技进步和生产力提高所带来的物质文明发展与精神文明衰退的失衡态势不断加剧。工具理性不断膨胀，道德意识及社会责任感不断弱化，这充分展示了教育中片面追求"知识人"所付出的沉重代价。

最终，人的本质属性使其无法忍受缺乏价值理性的"无意义的生存"。人的内在决定了对生命的意义和价值的追求，构建能够赋予自己永恒存在的世界是人应当关注的核心问题。然而，这种意义世界的建构离不开价值理性，需要清晰、科学、真实的价值判断标准，这是社会全面进步所必需的条件。人的生活因有了意义而变得丰富多彩，而人的意识的超越性决定了人无法容忍"单一的颜色"，价值理性与工具理性的统一融合才能勾勒出五彩缤纷的生活世界。

随着社会的不断发展，人们对"为何而生"这一问题的追问意识日益加强，对构建实体性生命的需求也在不断增加。为了明确人生的方向，人们需要实现身体与灵魂的协调。尽管科技生产力推动了社会的进步，丰富了物质生活，但由于技术和手段的应用缺乏目的的支撑，在构建意义世界方面却呈现微弱的下降趋势。实体性作为人之为人的"绝对被赋予性"决定了人们必将为实现生命的价值而不懈奋斗，寻求获得"安身立命"的本质。

（三）当代知识大厦中人类精神信仰的重塑

价值理性的缺失引发了一系列社会问题，揭示了科技生产力本身难以实现人的精神生命的成长。人的本质属性决定了人渴望在自然性与精神性的融合统一中找回自我，追求一种有意义的生活。教育的终极目标是还原人的本质，使其成为真正的人。由于价值理性的匮乏，人的灵魂无法得到安放，对生命价值的质疑以及构建"精神家园"的呼声不断高涨。

首先，对"知识即力量"的信仰在因信仰失落而引发的社会问题面前变得力不从心。巴雷特指出，尽管我们在外部世界的探索和经验积累方面取得了巨大进展，但对于内心世界的事实——在我们命运的力量初次显现的那个中心——我们仍然一无所知。这里所指的内心世界即人的精神层面，揭示了人的自然生命与精神生命在成长过程中的失衡，导致精神上的空虚和信仰的迷失。正如海德格尔所言："但实际上，今天人类在哪里都不再碰到自身，即他的本质。"因此，当价值理性因工具理性过度夸张而失衡时，对工具理性"任性"和"信仰"的怀疑普遍存在，由于精神性的遮蔽和掩埋而引发的孤独感持续侵蚀人的精神领域，使身体与灵魂分离，人变成"一种可怜的东西"。

其次，人类逐渐寻求来自内心深处的精神支撑和形而上的价值关怀，转变关注焦点从科学的应用演变为对"为何而生"的深刻思考。当代知识大厦中，人们对精神信仰的重新构建追求着何种价值目标？这一信仰重新构建的根本问题必须基于人的存在本身展开思考。"人不仅是自然存在物，更是人的自然存在物。"人的本质属性使其不仅像动物一样顺从肉体需求进行生产，还认识到要"真正生产"就必须超越肉体需求，以"自由地面对自己的产品"。实现对自然性的超越，获取生命和价值的双重认同成为人的终极追求。人的自然性是一种"实存"，是有限而受动的；而精神性则是一种真正的"存在"，是自为的和无限的。因此，西方哲学家强调精神和理性是构成人本质的要素。尽管马克思肯定人的精神性，但同时强调理解人的精神性需要根植于现实，落实于人构建的复杂社会关系网络和实践活动之中。因此，我们需要深入思考当代知识大厦中人们如何重新构建他们的信仰。

最终，人类精神信仰的整体取向需要通过实现人的自然性与精神性的融合统一，使人真正成为完整的个体。只有在这二者的融合中，人才能够达到全面的发展。对现实社会生活的深刻理解和对过去信仰的批判性反思是信仰重塑的基石。当代社会中，市场经济和科学技术发挥着关键作用，取代了神圣时代的想象，理性精神变得不可或缺。信仰的建立必须基于对现实生活的批判性反思，追问生存的价值，实现意义世界的建构和提升。

如苏格拉底所言，没有经过思考的生活是不值得过的。精神信仰的重塑需要主观的生命与客观的精神世界的融合统一，通过教育引导实现"物之理"与"人之理"的统一。人之所是与人之应是的统一是实现精神信仰的关键。

总之，人的精神生命的成长、理想的树立和信仰的追求需要深深扎根于现实世界，通过对既有信仰的批判性反思，追求意义之本和价值之源。教育应该承担总体性阐释人类生存意义的责任，实现当代知识大厦中人类精神信仰的重塑。这使得信仰不仅照亮人迈向意义世界的道路，还成为人在现实生活中的实践法则。当代知识大厦不仅为信仰的重塑提供物质基础，还为之提供智力支持。知识在人们的生活中不仅是谋生的手段和工具，更是孕育理想和信念的沃土。意义世界的建构以精神生命的成长为前提，信仰是实现精神生命成长的动力源泉。因为有了信仰，人的生活世界变得多姿多彩，因为有了信仰，人的意义世界更加绚丽夺目。信仰成就了人生和历史的丰富内涵。

四、"全课程覆盖"式思政育人观的构成

"全课程覆盖"式思政育人观的最高目标是实现个体的本质，其努力的方向是培养全面发展的社会主义建设者和接班人。这一观念通过构建并推动"课程有机体"的良性运转，以统一育人立场、凝聚育人合力为手段，打破课程壁垒，促使育人的"主渠道"在整个育人体系中充分发挥核心作用，使"课程"和"思政"实现同向同行。

（一）"全课程覆盖"式思政育人观的科学内涵

"全课程覆盖"式思政育人观是思想政治教育自我实现的过程，其目标在于培育和践行社会主义核心价值观。这一观念将社会主义核心价值观视为"普遍物"，覆盖

于所有课程之上，通过渗透和贯穿将其规定为育人方向，实现知识教育与价值观教育的统一。

首先，"全课程覆盖"式思政育人观旨在拓宽育人载体和渠道。它将思想政治教育延伸至所有专业课，摆脱思政课单一、平面的育人模式，实现向所有课程合力育人的立体化转变。这一观念通过价值观的阐释和传播，丰富和创新价值观的培育和弘扬路径，解决思政课"孤岛化"问题，构建以思政课为核心的合力育人格局，实现思想政治教育与专业课之间的相互渗透。

"全课程覆盖"式思政育人观打破了"各自为战"的格局，实现思政课与专业课之间的有机融合。这一观念使思政课不再是独自奋战的育人孤岛，为价值真理的传播拓宽路径，助力育人"主渠道"充分发挥功能。通过挖掘和融入思政资源，专业教育得以注入灵魂，为明晰育人方向提供支持。实现与专业教育的融合统一，思想政治教育不再停留于空洞的理论说教，引领受教育者思考生命意义，使育人不仅关注彼岸世界，还关注此岸现实生活，致力于实现此岸世界建设与彼岸世界建构的同向同行。

其次，"全课程覆盖"式思政育人观旨在让所有课程共同承担育人职责。思想政治教育与专业教育的分离引发多种社会问题，需要根据人的本质属性、社会发展需求进行深刻反思，革新育人观念。这一观念将思想政治教育拓展至专业课程，使所有课程都肩负育人职责，实现育人的共识，明确育人的价值立场，使专业教育与思想政治教育同向同行。通过实现"全课程覆盖"，挖掘和提炼课程内蕴含的思政元素，激活育人基因，创造条件，推动课程自觉发挥育人功能。

最后，"全课程覆盖"式思政育人观旨在回归课程内在的价值诉求。课程作为主要育人载体，人的社会性由自然性和精神性的融合统一构筑。知识教育赋予人改造自然、改造世界的能力，而人作为有理想、有追求的社会存在，还需接受思想和精神的教育，致力于建构和完善精神世界。与动物的采集行为不同，人通过社会实践活动实现自己的意志和意识，并通过反思不断完善自身。活出精神的一面是人实现其本质的内在要求。知识和信仰在推动实现人的本质的过程中相辅相成。树立并践行"全课程覆盖"式思政育人观，尊重人的本质属性，践行人文与科学的统一、精神与物质的统一、事实与价值的统一。为个体与社会的融通、丰富和完善人的精神世界创造条件，是对人的全面发展的现实观照。

综上所述，"全课程覆盖"式思政育人观是新时代教育观念革新的重要表征。思想政治教育对所有课程的全面覆盖，使专业知识的传授因为融入人文和价值元素而有了温度，同时又进一步涵育和滋养了课程自身蕴含的育人元素，丰富和深化了课程教育的内涵，为课程育人功能的充分发挥提供内生动力。

（二）教育体系中的"课程有机体"观念

"有机体"即是一个旨在实现人的本质目标的目的性整体，其中各个组成部分互为内在的合目的性。在这个有机体中，每个环节都扮演着相互支持的角色，彼此是手段和目的的统一。这个有机体象征着以合力育人为共同价值的课程育人体系，是激发课程育人生机与活力的核心推动，决定了育人合力的生成和作用的发挥。在"课程有机体"中，每个环节都像生命的细胞一样，相互交织，为整个生命赋予存在的意义和价值。离开生命，每个细胞都将失去活力。对教育体系中"课程有机体"的理解不能仅限于某些特定课程，而应全面理解整体课程，因为若全体被分割为多个部分，它将不再是真正的"全体"，而是一种存在着碎裂的状态。同时，了解有机体的生命不仅要关注外在的机械关系，更要关注内在的整体性，实现形式与内容的有机统一。

首先，"课程有机体"是整合育人资源的内在引擎。在"课程有机体"理念的指导下，育人实践旨在挖掘各课程中蕴含的人文、道德、价值元素，并将其巧妙地融入课程的知识传授中。这种融合使人文价值元素与课程知识形成一种化学反应，为所有课程确立育人的价值立场，激发各课程的育人自觉，推动教学在保持个体特色的同时具备共同的价值目标。这种"化学反应"源自"有机体"目标的统一性，即以人类自身为目的。挖掘和融入思政元素为知识教育注入了精神动力，明确了价值取向，激活了学科蕴含的人文元素，同时弘扬了科学精神，推动了人文精神与科学精神在育人过程中的统一。这种"化学反应"也体现在创新课程建设和学科发展的角度，通过拓宽研究视野，寻找新的学科生长点，丰富和完善了教学和学科体系。同时，这些创新成果又成为"课程有机体"顺利运行和提升整体育人功能的动力源泉。

其次，"课程有机体"是形成育人合力的核心引擎。"课程有机体"以育人为纽带，突破学科壁垒，建构学科交流平台，铸造科学可持续发展的课程体系，实现系统性的育人工程。"课程有机体"致力于将"育人"与"育才"有机统一，将育人视为一个系统工程，关注各门课程在育人中的协同作用，高度重视协同育人理念在完善课程有机体建设中的关键引导作用。充分发挥有机体对育人资源的优化和整合功能，为课程育人资源的挖掘和提炼、育人资源共享，凝聚育人共识，集聚育人合力提供强大的推动力。

最后，"课程有机体"是建设和完善教育体系的重要支柱。教育的终极追求是实现人的本质，实现人的自由和解放。这个终极目标明确了教育体系的建设基础和方向。以人为核心目标是教育体系建设的价值取向。人作为社会性存在决定了育人问题的复杂性和多样性，某一门课程或学科难以单独应对和解决。因此，根据人的发展实际需求和价值诉求构建"课程有机体"，进而实现所有课程、所有专业、所有学科的合力育人新格局。"课程有机体"的建设为教育体系的建设和完善提供了现实依据，促使教育体系建设角度的创新，为开拓视域创造了条件。

总的来说,"课程有机体"是实现课程资源整合的内在引擎,是实现思想政治教育与专业教育同向同行、集结育人力量的核心环节。同时,"课程有机体"是贯彻"全课程覆盖"式思政育人观的关键步骤,是建设和完善教育体系的活力源泉,是对推动思想政治教育"主渠道"在育人体系中融会贯通的有力支持。

(三)育人结构中课程壁垒的困境

学科壁垒的存在催生了课程壁垒的形成。不同的知识观念孕育出各异的课程价值导向,从而在课程构建策略、目标设定、内容选择与设计,以及实施方案等方面都以价值观为基础。由于课程价值导向缺乏科学性,相应的课程建设行为呈现一种"任性"的趋势,未能运用系统的观点和发展的角度分析和解决课程建设的问题,最终造成了课程壁垒的出现,导致了育人与育才的分离。学科壁垒所致的课程壁垒表现为不同学科在育人目标、教学方式和评价标准等方面的割裂。这使得各个学科各自为政,无法形成有机的整体,导致了教学体系的碎片化和育人体系的孤立性。这样的局面导致了育人与育才的脱节,使学科之间的协同育人难以实现。为解决这一问题,需要在课程建设中引入更为科学和全面的价值观,强调跨学科合作与整合,确保各门课程在育人方面有机衔接。通过建立共同的育人目标、采用一致的教学方法和评价标准,可以打破学科壁垒,促使各个学科形成育人的有机体系。这样的整合将有助于实现育人与育才的有机统一,创造更为协同、有序的教育环境。总体而言,要想解决学科壁垒导致的课程壁垒问题,需要在课程建设中树立科学的价值观,注重跨学科的整合,以实现育人与育才的统一目标。

不同学科在语言符号、方法和体系等方面存在显著差异,而在学科的建设和发展过程中,它们往往坚守传统的研究方法,过于专注各自的领域。这种差异不仅在观察世界、分析问题的视角和立场上表现出来,而且逐渐演化为学科内部的思想信仰,形成了学科内的封闭文化,产生了学科壁垒和学科文化屏障。

课程作为育人的媒介,是教育体系的关键组成部分。不同专业根据其特点、培养目标以及所属学科的背景来设计人才培养方案。这些方案通常以学科的发展方向和专业建设为基础来规划课程设置。由于受到学科和专业知识的划分,形成了课程知识的边界,导致缺乏与其他学科课程进行交流互动的意识。这种现象使得课程教育呈现"单打独斗""各自为战"的局面,逐渐形成了课程壁垒。

为了克服这一问题,有必要打破学科壁垒,促进不同学科和专业间的交流与合作。通过跨学科的课程设计和开发,培养学生跨学科思维和综合解决问题的能力。同时,鼓励教师团队间的协同教学和研究,以促进知识的整合和共享。这样的做法有助于消除课程壁垒,创造更为开放、协同的课程教育环境。

在课程壁垒的阻碍下,育人与育才面临严重的分离和失衡。这导致课程教育过于注重智育，忽视了德育在人才培养中的重要性，更加突出学术使命而忽略了社会责任担当。评价标准也更偏向专业人才培养和知识创新，却较少关注综合素养的全面培养。

为应对这一挑战，迫切需要对课程教育观念进行深刻的变革，打破课程壁垒，明确课程教育的价值导向和社会责任担当。为实现育人与育才的统一目标，我们必须拓宽课程建设和开发的视野，摒弃传统的课程建设观念。这包括促进知识与价值的深度融合，将培养综合素养纳入评价体系，确保课程的多样性，以满足现代社会对人才全面发展的需求。唯有跨越课程壁垒的限制，实现所有课程的协同育人，才能真正推动育人结构的科学、合理发展。

第二节　"课程思政"在专业知识中的价值存在形态

深刻理解"课程思政"概念的内涵，意味着必须探索其在不同专业知识中的价值存在形态，并进行科学的评判。清晰了解"课程思政"在各学科中的价值存在形态是推动其深入实施的基础和前提条件。确保这些基础和条件得到"逻辑的明证性"，是"课程思政"有效推进、实现其价值诉求的关键。在某种程度上说，可以将"课程思政"的概念与其在专业知识中的价值存在形态比作肉体与灵魂，它们相互依存、不可分割。价值存在形态应与概念相一致，能够阐释概念的内涵，实现"课程思政"从理念向现实的转变。这种深刻理解是"课程思政"实现有效推进的理论基础和实践指导。

一、课程体系中知识体系类型的划分

课程体系涵盖了自然科学、技术科学、人文科学和社会科学四大知识类型。通过对这些知识体系类型的特征进行深入分析，旨在为准确理解"课程思政"在各个学科体系中的具体呈现打下坚实基础。这种分析有助于揭示不同知识类型在课程中的相互关系，进而为推动"课程思政"在多种学科中的有机融合提供理论支持。通过深刻了解各类知识的特质，可以更好地把握"课程思政"在教育体系中的角色，促使其在实际教学中得到更有针对性的应用。

（一）自然科学知识

首先，自然科学的研究对象是自然界的客观规律，这些规律独立存在于人的意志，不为任何特定阶级服务，是全人类必须遵守的普遍规律。从人的视角来看，自然科学是价值中立的，其背后不附带特定的价值导向。通常，自然科学以对自然界客观事物及规律进行事实判断的方式呈现，不包含主观的价值判断。

其次，自然科学知识聚焦于自然对象的科学性，以客观的事实和对象为基础展开研究。自然科学涉及对自然物的规律性了解，强调自然物所遵循的规律。在这一类知识领域中，必然涉及某种特定的"质料"或自然实体。因此，自然科学是关于质料的研究的学问，其最为显著的特点是高度的客观性。研究对象、研究内容以及评价标准均以客观性为显著特征。

自然科学的特点可以总结为以下几点：

（1）客观规律：自然科学研究的对象是自然界的客观规律，这些规律独立存在于人的意志，不为任何特定阶级服务，是全人类必须遵守的普遍规律。自然科学的重点在于揭示这些客观规律而不涉及主观的价值判断。

（2）科学性和客观性：自然科学的知识基于客观的事实和对象展开研究，强调对自然物的规律性了解。这种研究是基于客观数据和证据的，与主观观点无关，因此具有高度的科学性和客观性。

（3）质料和自然实体：自然科学关注研究特定的自然实体或质料，并追求深入了解它们所遵循的规律。因此，自然科学通常涉及对特定的自然物种类或现象的研究，而不是抽象的概念。

这些特点共同构成了自然科学的核心特性，使其成为一门以客观性和科学性为基础的知识领域。

（二）人文科学知识

人文科学知识具有以下两方面的特点：

研究对象与价值观：人文科学研究的对象是人的社会存在，旨在揭示人类社会的本质和发展规律。与自然科学不同，人文科学涉及一定的价值观和社会集团的利益。因此，它进行的是立足于特定价值立场的价值判断，而非仅依据事实判断。

教育体系位置：教育体系可以划分为知识教育体系和价值教育体系两个层次。人文科学知识位于价值教育体系，它不仅传授知识，还传播人文精神，引导受教育者形成具有明确的价值立场的思想、观念，以塑造崇高的、真理性的世界观、人生观和价值观。

这些特点使人文科学知识成为一门与价值观、社会文化紧密关联的学科，其教育目标不仅在于知识的传递，还包括对学生的价值观念的塑造和引导。

（三）社会科学知识

社会科学知识有以下两个重要方面的特点：

揭示社会规律与价值关联：社会科学的主要任务是揭示人类社会的客观规律，这些规律以一种真理性的方式存在，因此它们可以被归入知识教育领域。不过，与自然科学不同，社会科学的研究总是伴随着某种价值观或目的。社会科学探讨社会领域的规律时，通常以特定的价值观念为支持，这意味着社会科学中的知识常常具有某种价值导向。

基于价值预设的成立：社会科学的建立通常始于某种价值预设，其中包含了一定的主观目的。然而，这并不意味着社会科学的价值观念是主观的或缺乏真理性。相反，社会科学中的价值观念仍然追求"真善美"的价值，这些价值观念可以在社会科学规律中体现出来。

总结来说，不同学科的知识存在形态因其研究对象的不同而不同。自然科学侧重事实判断，而社会科学则强调价值判断。然而，这些学科之间存在并不孤立，它们都联系于人的社会性存在。因此，在科学研究中，立足于社会现实、明确价值立场、以人的生存和发展为出发点，并追求人与自然的和谐共生，都是必然的发展理念。这些理念有助于实现现实生活的完善与发展，以及构建生存意义世界。

二、"课程思政"在技术科学知识中的"目的价值论"前提

理论知识追求真理，而实用知识，尤其是技术科学知识，侧重于实际应用和功用。技术科学知识的关注点通常在于如何有效地解决问题和满足需求，因此强调使用性价值，即评估其在实际应用中的效用。价值在这里可以被分为两种：目的价值和手段价值。手段价值即使用性价值，它强调知识和技术作为实现目标的工具。

然而，这种区分并不是刻板的，因为目的和手段在不同情境下可以相互交织和转化。随着时间和社会的发展，人类活动变得更加多样化，目标和手段就像链条上的不同环节一样，会相互影响和演变。在教育中，特别强调培养学生的伦理道德，激发科技报国的情感和责任感，以及鼓励他们成为精益求精的工匠，是非常重要的。这些教育目标有助于培养具备技术知识的学生，在将知识转化为实际应用时，积极地为社会和国家做出贡献。

（一）使用性价值和目的性价值的区别

使用性价值和目的性价值之间的显著差异在于其关注的立法者和目标。使用性价值的立法者是基于人的主观需求，而目的性价值的立法者则是基于人的内在实践理性。

使用性价值强调满足人的自然需求和欲望，其目标是实现人的自然性。这包括满足基本的生存需求，如食物、水和住房，以及满足个体的欲望，如娱乐和享受。使用性价值的立法者是个体自己，他们根据自己的需求和偏好来决定价值。

与此不同，目的性价值是基于更深层次的精神需求和价值观，其目标是实现人的精神性。这包括追求道德、伦理原则、自我实现和社会责任感等方面的价值。目的性价值的立法者通常是社会、文化和道德规范，它们影响个体的行为和决策。

然而，这两种价值并不是孤立的，而是可以相互融合和统一的。实际上，人的全面发展通常需要使用性价值和目的性价值的平衡。满足基本的使用性需求可以为个体提供生活的稳定性和舒适性，从而有利于追求更高级别的目的性价值，如自我实现和社会责任。因此，使用性价值和目的性价值的统一有助于推动人的全面发展，使其在生活中取得平衡和满足。

使用性价值强调满足人的自然需求，关注的是如何满足个体的基本生存和生活需求。这种价值观念将物品视为满足个人需求的工具，因此物品的存在和变化是根据个体的需求进行的。使用性价值的核心观点是物品变为满足需求的手段。

这种价值观念具有以下几个重要特点：

主体的自然需求：使用性价值取决于个体的自然需求，强调满足生存和舒适的基本需求。个体寻求特定的物品或质料来满足这些需求。

主观性和相对性：使用性价值是主观的，因为它依赖于个体的需求和欲望。每个人的需求都可能不同，因此使用性价值是相对的，不同人对同一物品可能有不同的评价。

物品的工具性：在使用性价值观念下，物品被看作满足需求的工具。它们的存在和变化是为了服务个体的目的。

偶然性和任性性：由于个体需求的多样性，使用性价值的实现可能是偶然的，并且可能因个体的决定而发生变化。这也使其具有一定的任性性，因为主体可以根据自己的欲求来评判价值。

总的来说，使用性价值强调了人的自然需求，将物品视为满足这些需求的手段。这种价值观念是相对的，因为它依赖于主体的需求和主观判断，同时也具有一定的任性性和偶然性。

目的性价值与使用性价值有着明显的区别。它关注的是人的精神需求，即人"为何而生"的问题。在这种观念下，主体的精神需求决定了价值的性质，而且主体对目的性价值的追求会随着精神需求的变化而变化。实现目的性价值有助于推动个体的精神成长和实现精神性价值观。

目的性价值的几个关键特点包括：

由精神需求决定：目的性价值取决于个体的精神需求，这可能包括对自由、尊严、道德、正义等精神层面的需求。个体的追求旨在满足这些精神需求。

非经验性：与使用性价值不同，目的性价值不是基于物品或质料的欲求对象，而是建立在个体对自己的精神层面目标的追求之上。它是非经验性的，更强调内在的追求。

超越功利性：精神性价值通常与超越功利性有关，它们代表了更高级别的价值观念，如道德和正义。精神性价值的实现表现为对善的无条件追求，强调超越个体私利。

教育引导：实现精神性价值需要通过教育来引导。教育的作用在于帮助个体将具体物品分解为它们的特殊性，使个体能够更好地理解和追求精神性目标。这包括培养道德观念和精神层面的成长。

总的来说，目的性价值强调人的精神需求和精神层面的目标，它有助于个体的精神成长，并实现更高级别的精神性价值观。与使用性价值不同，目的性价值更注重个体内在的价值观和道德观，以及如何通过教育来引导其实现这些精神目标。这种价值观念强调了人的更高层次的价值和目标。

最后，需要强调的是，使用性价值和目的性价值之间存在内在关联。虽然在一些情境下它们似乎相互对立，但它们实际上是相辅相成的。人作为"全部被创造之物"拥有使用性价值，满足主观需求，但人也是"理性的创造物"，具有目的性价值，体现了特殊意志与普遍意志的统一。人与他人相互配合，满足彼此的需要，同时也在实现特殊意志和精神目标的过程中追求自由和超越自然性。因此，使用性价值和目的性价值应当有机地统一，不仅追求满足自然性的需求，还要追求实现精神性的目标。这种平衡有助于人的全面发展，使其能够在不同层面上实现价值。

综上所述，使用性价值与目的性价值在人的成长与发展过程中是不可分割的。使用性价值为目的性价值的实现提供物质保障，目的性价值为使用性价值的实现明确价值取向。在追求实现使用性价值的过程中，不仅要关注"何以为生"的问题，还要有"为何而生"的思考。使用性价值和目的性价值相互促进，相得益彰，共同推动实现人的全面发展。

（二）技术发明创造中的"使用性价值"

技术发明和创新中的使用性价值体现在人们通过改造和创新工具、方法以满足自然需求，使物品的有用性充分发挥。因为物品的有用性是基于个体的自然需求来评判的，所以合理使用工具需要有明确的目标支持。否则，可能导致工具过度使用、价值观念衰退以及人陷入与工具的异化之中。

首先，让我们深入探讨一下使用性价值的概念。在技术发明和创新的背景下，使用性价值是关于改进和创新工具与方法的过程，这是人类认识世界和改造世界的关键工具。然而，这个概念本身并没有固定的价值，它的价值必须依赖于特定的目的来确定。换句话说，工具和方法需要有一个明确的目标来赋予它们意义，确保它们的使用是合理和有效的。从经济学或生活中的角度来看，物品的有用性决定了它们的价值，这就是所谓的"使用性价值"。在技术发明和创新中，使用性价值是由人的自然需求所驱动的。如果某物对于个体没有用处，那么它对于个体来说就没有价值。黑格尔曾经提到"在使用中之物是在质和量上被规定了的单一物，并且与特种需要有关"。因此，人的主观需求成为使用性价值的制定者，也就是需求定义了价值。技术发明创造中的使用性价值与满足主体需求的程度相关，即物品对特定主体的需求有多有用。因此，使用性价值的相对性主要表现在"它总是相对于某一特定主体的特定条件才是善或恶的"。

其次，追求使用性价值的理性需要依赖于特定的目标。这种理性追求表明，人类不仅是被动适应自然以实现自然生命延续的动物，而且通过改变和利用自然来实现自己的目标，掌握自然。这是通过劳动来实现的。人类通过劳动进行技术发明和创新，不断改进和完善工具，改善生存环境，以实现物品的使用性价值，满足生存需求。然而，需要注意的是，使用性价值是由人的主观需求决定的，体现了个体的特殊意愿。这种需求的满足完全依赖于外在的偶然性和主观决策，没有固定的规律。但是，从意志的角度来看，主观性是实现自由意志从抽象概念到现实的重要方式。只有将主观意愿纳入现实中，自由或自在存在的意愿才能成为现实。这一实现过程涉及排除主观性，将其设定为与自在存在的意愿一致的过程。因此，使用性价值虽然具有主观性，用于满足个体特殊需求，但它是实现目的性价值的不可或缺的环节，存在于特殊意愿向意愿的概念回归运动中。

基于马克思主义的人性观，我们可以理解人的社会性是自然性和精神性的统一体现。人的自然性通过满足物的使用性价值来实现，这为精神性的发展提供了物质基础和智力支持。马克思指出，人们必须满足生存的基本需求，如吃、喝、住、穿，然后才能从事更高级的活动，如政治、科学、艺术和宗教。因此，人具备实现目的性价值的物质基础。

然而，使用性价值和目的性价值就像人的身体和灵魂一样，不可分割。缺少任何一方，人都将不完整。人的改造和利用自然不仅是为了满足生存需要，也是为了深刻理解和反思自己，是实现精神性的成长的重要途径。意识始终与自己的存在紧密相连，人的生活过程与意识息息相关。人与自然之间的内在联系意味着，在改造和利用自然的过程中，人必须充分发挥价值理性的作用，顺应自然规律，尊重自然，而不仅关注眼前的短期利益。

人的社会属性决定了个人需求与社会需求之间的紧密关系。社会需要与个人需要之间存在着联系，社会需求包括了自然需要和精神需求。这种联系的存在意味着，个人需求要与社会需求协调，将特殊需求上升为对社会共同需求的追求，实现个人需求与社会普遍需求的和谐统一。在满足基本物质需求的基础上，个人需求与社会共同需求的协调将实现个体的自我发展与社会的进步相结合，达成个人与社会的和解。

没有明确的目的支撑下的"使用性价值"追求可能导致价值的混淆和迷失。在技术发明和创造中，人们通常关注事物的功能和用途，而忽视了物品是否具有更高的道德或普遍目标。这种局限性追求只关注眼前的问题和物品的实用性，而不考虑物品是否符合更广泛的道德或社会目标。这种"实用之学"强调经验和物品的使用性价值，而忽略了事物的更深层含义。

这种单一追求使用性价值的观念可能导致文化和精神价值的丧失，以及人们精神世界的迷失。当个体特殊意志被无节制的欲望所主导时，科技可能成为征服自然的工具，而使用性价值则仅仅是为了服务个人欲望的手段。这种单一追求可能导致思考变得肤浅，个性被淹没。

同时，这种对自然的无限索取和盲目征服可能导致环境的恶化，使人类生存的基础受到威胁。因此，我们必须谨记我们之所以能够支配自然界，是因为我们具备认识和正确运用自然规律的能力。亚里士多德提出"适度"原则，强调一切行为应符合中道原则，才能被认为是向善的。

总之，技术发明和创造中的"使用性价值"虽然是工具和手段的创新，但本身不具备价值规定。因此，理性的使用性价值追求需要明确的目的支撑，以确保科学性和合理性。只有这样，我们才能更好地认识世界和改造世界，同时维护价值观念的完整性。

（三）人类使用技术中的"目的性价值"

人类在使用技术中的"目的性价值"体现为以使用性价值为基础，追求人的精神性的价值实现。这种价值追求以人为根本目的，强调实现人的精神层面的价值，即对"善"的追求。实现目的性价值的前提是使用性价值的实现，因为它们密切相连，互为支撑。

目的性价值具体体现在对人的精神层面的价值的追求上，这包括了对善的探求。实现目的性价值需要个体的精神生命得到发展和成长，这也是它的基础。要理解这一观点，需要回顾人的本质属性，即自然性和精神性的统一。共产主义被视为实现自然主义和人道主义的完美统一，这也代表了自然性和精神性的统一。人与其他动物的不同之处在于，人能够超越纯粹的自然性状态，因为他们具有意识，能够创造并超越自然。这种超越性源自人的精神层面，这被视为人类独特之处。人的目的性价值体现了对精神性价值的关注，对"善"的追求是它的核心。与使用性价值不同，目的性价值不仅取决于主观需要，它是超越功利的，关注生命的真正意义和价值的实现。这体现为个体从自然性状态中实现超越，追求普遍价值的坚定信念。

在现实社会中，追求目的性价值意味着超越个人利益，实现个体与社会整体价值的统一。这是一种高尚的追求，旨在实现更高的精神价值和共同的社会目标。

首先，让我们重新思考使用性价值和目的性价值之间的关系。这两种价值观在人类社会和技术发展中起着不可或缺的作用。使用性价值侧重于满足个体的自然需求，强调物质生活的方方面面，例如食物、住房、衣物等。它是人的自然性的表现，满足了人的基本生存需求。

与此不同，目的性价值更侧重于满足人的精神需求，包括道德、正义、尊严等层面的价值观。它是人的精神层面的表现，通过超越纯粹的物质追求，引导个体追求更高级别的价值，促使个体的精神生命成长和发展。

然而，这两种价值观之间并不是孤立存在的。事实上，它们在实现过程中相互关联，相互支持。使用性价值的实现为个体提供了物质基础，使其能够更好地探求和实现目的性价值。使用性价值为个体提供了生活所需的条件，例如食物和住房，使他们能够专注于道德、正义等更高层面的价值观。

在探讨使用性价值和目的性价值的关系时，我们不仅要理解它们的相互作用，还要深入思考它们如何共同推动人的全面发展以及对社会的影响。

首先，使用性价值和目的性价值之间的相辅相成关系体现了人的双重本性。使用性价值通过满足基本的生存需求，如食物、住房和衣物，为个体提供了生活的物质基础。这是人的自然性的体现，它强调了人作为生物的一面。然而，目的性价值则超越了这种自然性，它代表了人的精神层面，包括道德、伦理、正义和智慧等更高级别的追求。这两种价值观之间的互补性使个体能够在物质满足和精神成长之间取得平衡。

其次，教育在使用性价值和目的性价值的实现中扮演着至关重要的角色。教育不仅是知识的传授，更是价值观的培养和引导。通过教育，个体能够明晰自己的道德和伦理观念，形成更高尚的目的性价值观。这种教育的作用是培养人的精神层面，引导他们超越纯粹的物质需求，追求更高层次的价值目标。因此，教育的重要性在于不仅传授知识，还传递普遍性和真理性的价值观，帮助个体追求更高尚的目的性价值。

最后，这种使用性价值和目的性价值的有机统一不仅对个体的全面发展至关重要，还对社会的繁荣与和谐产生积极影响。当个体能够平衡物质需求和精神追求时，他们更有可能在社会中表现出积极的行为和价值观。这有助于建立一个更加公正、和谐和有意义的社会。因此，使用性价值和目的性价值的统一不仅关乎个体的幸福，还有助于社会的进步。

总之，使用性价值和目的性价值的相互作用在人的全面发展和社会的繁荣中发挥着关键作用。它们的统一使个体能够在满足物质需求的同时追求更高级别的价值目标，通过教育和培养引导，可以进一步推动社会的发展和进步。这种平衡和统一是实现更加繁荣和谐社会的关键要素之一。

三、"课程思政"在社会科学知识中的"伦理价值论"预设

伦理和社会科学之间的关系涉及价值观、伦理观和知识教育的交织。伦理不仅是关于善、道德和真理的哲学领域，还在社会科学中扮演着重要角色，因为社会科学涵盖了人类行为、社会制度和文化等方面的研究。

首先，伦理被看作自由的理念。这里的自由不是纯粹的任性，而是建立在自我意

识和道德行为之上的自由。伦理探讨了人类如何通过自我意识的行动来实现善的理念，如何在善与主观意志之间取得平衡。伦理不仅关注个体的善，还关注客观的、自在自为存在的善，这是伦理的核心。

在教育领域，特别是社会科学教育中，我们必须认识到社会科学知识背后潜藏的价值取向。社会科学研究不仅是客观规律的描述，还涉及伦理和道德问题。因此，教育者需要引导学生认识到社会科学知识中的价值观，并明确其价值取向。这有助于学生更好地理解理想和现实之间的差距，并通过教育来弥合这一差距，使他们更趋向于普遍性和真理性。

在中国高等教育中，课程思政被提出，旨在通过课程教学坚持马克思主义为指导，构建中国特色哲学社会科学学科体系，并引导学生深入社会实践，培养学生的职业素养。这反映了社会科学教育中的价值预设，旨在将伦理和社会价值观融入学生的教育过程中。通过引导学生了解国家战略、法律法规和政策，以及培养学生的德法兼修的职业素养，社会科学教育可以更好地传递伦理观和价值观。

总之，伦理与社会科学存在紧密联系，教育中需要明确伦理的价值取向，以帮助学生更好地理解社会科学知识中的伦理和道德问题。社会科学教育的价值预设和课程思政可以有助于培养学生的伦理观，引导他们成为具有职业素养和社会责任感的个体。这有助于建设更加公正、和谐和价值导向的社会。

（一）社会科学知识中伦理价值的分类

伦理是关于道德和法律统一的领域，其中主观抽象法通常被称为道德，而客观抽象法则被称为法律。这两者都无法独立存在，而需要伦理作为它们的基础和承担者。法律通常缺乏主观性的元素，而道德主要关注主观性，因此伦理的作用在于将这两者统一起来。在社会科学知识中区分伦理价值时，我们需要同时考虑道德价值和法律价值。

此外，需要认识到法律的最高根基是国家制度。国家制度被认为是最高的法律，它为法律体系提供了基础。因此，在伦理价值的分类中，我们还需要考虑到政治价值。政治价值涉及国家制度、政府运作以及权力分配等方面的问题，这些问题对于社会的正常运行和人们的行为具有重要影响。

综上所述，伦理涵盖了道德和法律的统一，是社会科学知识中不可或缺的一部分。在对伦理价值进行分类时，需要考虑道德价值、法律价值以及政治价值等因素，以更全面地理解伦理的复杂性和重要性。这有助于指导人们在社会中的行为和决策，并确保社会的正常运转。

伦理中的道德价值起着重要的作用，它是社会规范个体行为的一种方式，也是社会发展和变化的反映。道德规范的形成受到历史积淀的影响，随着社会的演进而不断变化。在道德领域，人们将普遍的道德准则设定为行为的内容和目的，将个体的主观意愿置于道德的考量中。这意味着，在道德中，我们关注的是人的个性和人之为人的追求，而不仅是外部的法律规定。

在道德领域，个人的品格和人格成为受追求的对象。在社会科学知识教育中，伦理价值与道德的角度可以被视为有价值的，因为它为我们提供了一种思考社会行为和决策的方式。这可以通过培育和弘扬社会主义核心价值观来实现，引导受教育者从个人的主观意愿中超脱出来，去关注共同体的意愿，遵守公共的道德规范，并将之付诸实践。

然而，由于人们在价值观、判断力等方面存在差异，道德反思可能会导致冲突。在这个过程中，个人的主观意愿需要反思，以认识到个人是某种特殊物，意识到可能需要做出牺牲。通过核心价值观的传播和融合，我们可以引导受教育者充分认识到将个人意愿上升至共同体普遍意愿的重要性，促使他们从纯粹主观性中解放出来，以实现道德超越和共同价值的追求。这有助于建设一个更加和谐和价值观一致的社会。

伦理价值中的法律价值是一个关键方面，它需要在社会科学知识教育中得到充分挖掘和阐释。这意味着我们应该帮助受教育者树立正确的法律价值观和明确的法律意识，以基于国家主流意识形态的价值观进行自由、正义、民主、平等、秩序等方面的价值判断。法律价值观在法律意识中扮演着关键角色，它不仅反映了人们的人生观和世界观，还为法律问题的判断和选择提供了依据。

法律价值观是引导受教育者进行法律实践的灵魂，一方面可以确保国家法律和政治制度的正确性和合法性得到体现，另一方面可以帮助我们否定或批判与国家法律制度不符的现象，从而维护国家法律制度的完整性。

通过课程思政，我们可以挖掘社会科学知识中蕴含的法律价值观，引导受教育者明确法律意识形态的方向，并发挥其引领和导向作用。这有助于理性认识并防范法律意识形态的消极影响，杜绝了以法律虚无主义为代表的不良法律意识形态的产生。这种工作对于维护国家法律制度的建设、保障人民权利不受侵犯具有重要的意义，应引起高度警惕和防范。

伦理价值中的政治价值是一个复杂而重要的方面，它需要从政治哲学的角度进行深入阐释。政治价值观包括多个不同范畴的要素，构成了一个复杂的体系。社会科学知识在教育中应融入政治价值观，以帮助受教育者更好地评判和引导现实政治生活。

在树立和践行社会主义核心价值观方面，社会科学知识起着关键作用。它有助于巩固并坚定共产主义信仰，为政治信仰奠定理论基础。马克思主义明确认可了广大政治主体的价值和意义，将政治文明的最高目标定位为共产主义的实现。这一政治理念内含丰富的政治价值观，包括平等、自由、民主、和谐等。社会主义民主政治的深入发展以及政治文明建设的成功进行需要社会科学知识传授既客观准确，又体现政治价值观的方向引领。同时，也需要高度重视政治价值观在实际政治实践中的体现和推动。这是确保政治体系的完善和社会政治的稳定发展所不可或缺的要素。

（二）社会科学知识的道德价值预设

社会科学在其形成和逻辑起点时通常以某种价值预设作为前提，因此带有一定的主观目的。这意味着社会科学的研究往往是在某种价值观的框架下进行的，这种价值观是在研究开始之前就存在的。然而，尽管带有主观目的，社会科学的研究仍然可以具有真理性，因为追求真、善、美的价值可能在社会科学规律中得以体现。

特别是在道德方面，它是一种主观的、抽象的概念，表现为主观抽象法。道德观点的核心是主观意志的法则。道德的发展过程涉及从自由的意志到自为存在的意志的跃迁，这需要通过主观性来实现。这里的主观性是指个体能够超越个人利益，追求普遍意志，将个人主观意志与普遍意志统一起来。主观性实际上是对自由意志进行更高级别的规定，因为只有通过主观性，自由意志才能得以实现。

道德的自我性意味着它的本质取决于动机，而不是结果。道德无法被客观化，它始终停留在主观世界中。因此，无法通过明确的条文或规定来规范道德，而必须通过教育和引导来达成个体价值观与共同体价值观的和解，使个体的主观意志能够与普遍意志相统一。这是确保道德在社会科学知识中发挥作用的重要方法。

道德的主观性决定了在社会科学知识中它被预设为一种"应当"的概念。主观意志是直接自律的，它是抽象的、有局限的、形式化的。这种主观性构成了一切意志的形式。道德观点实际上是一种关于关系、应该和要求的观点。

在道德领域中，个体经常给自己下达"我应该怎么做"的价值指令。这种自我规定应该被理解为没有实际事物、纯粹的不安和行动。道德的存在形式表明，意志和意志的概念只有在伦理学领域中才能实现统一，而且只能通过意志的概念来规定。换句话说，在道德领域中的"应该"只有在伦理学的领域中才能得以实现。

因此，社会科学知识需要对道德价值进行预设，提出一种"应该"，以帮助受教育者在"知其然"的层面上进一步理解"知其所以然"，摆脱个人意志的主观性束缚，使个体的意志能够自由而自为地存在。这有助于将个体的道德观念与共同体的道德观念相统一。

个体的道德观和共同体的道德观之间需要实现和解。康德认为，单纯停留在认知层面的自由是抽象和无意义的。真正的自由需要通过实践来实现，而这种自由的实际含义只存在于共同体生活中。

具体而言，要实现真正的自由，个体需要超越个人意志的主观性，摆脱自然性的限制，将个人利益提升至普遍利益的层面。这就要求个体深刻理解"意志的本质即为义务"，并自觉地履行义务。个体的真正客观性只有在履行义务的过程中才能得以实现。这一和解过程在伦理的领域中发生。

伦理实现了抽象法和道德这两个层面的统一，使其以客观形式存在。根据黑格尔的观点，伦理行为的内容必须是实际的，具有整体性和普遍性。这意味着个体的道德观念需要与共同体的整体价值观相一致，从而实现个体与共同体之间的和谐与统一。

总结而言，道德的主观性导致在外部行为上评价个体时存在不确定性。仅仅因为一个人做了一些符合伦理的事，并不足以判定他是一个有德之人。真正的德性表现为一种固定的品格特质，只有当这种道德行为成为个体性格的一部分时，才能认定其为有德之人。因此，在评价行为时，必须关注其动机，因为这对道德评价至关重要。通过教育引导，培养受教育者具备理性判断道德价值的能力，将道德视为实现个人自由的必然选择，并认识到其中的自由性和必然性的统一。

黑格尔指出，在道德中涉及的是人的独特利益，这种独特利益之所以有高度价值，是因为它不受外部力量控制和制约，而是由个体自己规定的。然而，个体天生存在着差异，包括价值观、判断力、思想、意志力、审美等方面的差异。因此，通过教育引导，需要使受教育者成为有教养和具备内省能力的个体，同时尊重理想的样板，即客观普遍的价值观。

在高校育人过程中，社会科学知识需要与社会主义核心价值观融合，进行道德价值预设、规范解读和行为引领。这既要尊重个体差异，也要弘扬普遍的价值观。思想政治教育在塑造受教育者的道德观念方面起着至关重要的作用，引导他们树立并践行社会主义核心价值观，使原本存在于道德中的"应然"在伦理领域中得以实现。

（三）社会科学知识的法律价值预设

总的来说，法律作为将道德规定化的方式，需要在社会科学知识中进行价值预设，以发挥其约束力。在教育过程中，法律价值观应被融入知识传授，以确保其科学性和合理性得到阐释和普及，从而引导受教育者树立正确的法律观念。

首先，法律被视为自由的体现，其中自由是法的实质和规定性的基础。法律是客观的抽象规定，与法的概念相符合，这与主观的抽象法即道德形成对比。法律以法的形式存在，通过设定实现了从抽象到现实的转化，将道德固化为成文规定。然而，法律的普遍性和约束力需要被理解和知晓，只有这样，法律才能真正对人们产生约束力。这种普遍性和约束力的实现是在自由存在和法的设定存在的统一中完成的。

其次，法律的上层根基是国家制度，国家制度被认为是最高的法律。法的理念与自由紧密相关，但要实现自由，个体需要超越主观层面，去除主观性中的不合理成分，实现个人意志与普遍意志的统一。法律作为自由的外部规定，必须能够限制个人行为，为自由的实现提供条件。法律通过制度和规定来确保社会秩序和公正，为个体提供了自由的框架，需要个体遵守并理解法律，以实现个人与共同体的和谐。

最后，个体的法律观与社会共同的法律观需要实现和谐共生。法律必须广泛为人所知，才能产生约束力。在这个过程中，课程思政将思想政治教育融入各社会科学课程，承担培养人才的责任，将国家法律观融入专业知识，清晰地阐释法律的价值，即真理性。这使受教育者首先认知国家的法律观，领悟其真理性，并理解只有通过遵守法律才能获得真正的自由。因此，有道德品行的人会自觉地遵守法律，认识到履行义务的必然性，不会将法律约束视为对自由的妨碍，相反，他们认识到义务和法律赋予自由更丰富的内涵。因此，法律实现广泛效力的前提是培养受教育者对法律的理解，使他们能够感知法律，通过解读法律条文理解法律，领悟到只有成为尊重国家法律的公民才能享有自己的权利。通过教育引导和启发，推动受教育者实现主观抽象法（道德）与客观抽象法（法律）的统一，使他们成为尊重法律的合格国民。

总体而言，法律在社会中扮演着至关重要的角色，它是社会道德的书写规范，具有约束和引导个体行为的功能。然而，法律的有效性不仅依赖于法律文件的存在，更需要建立在法律的真理性和内在价值观的理解与认同之上。首先，法律的真理性是确保其有效性的基础。法律应该反映社会的价值观和伦理观，以确保公平、正义和秩序的维护。在教育领域，需要向受教育者传授法律背后的原则和伦理观念，以帮助他们理解法律的真实目的和价值。这涉及教育者与学生之间的互动，通过引导讨论和思考，使学生能够自主地理解法律的内在真理，并将其融入自己的法律观念。其次，法律的理解和认同需要个体的参与。受教育者应该被鼓励参与法律的形成和改进过程，以便他们能够更深入地理解和认同法律的内在价值。这可以通过参与模拟法庭、辩论、法律研究等互动式学习活动来实现。通过这些活动，个体能够更好地理解法律如何应对社会挑战和道德问题，从而更容易理解和认同法律的内在价值观。此外，干预和修正个体法律观念中的主观成分是培养良好法律观念的关键一步。个体的法律观念可能受到文化、社会背景和个人经历的影响，其中一些可能与法律的真理性和内在价值观不符。因此，教育者需要引导受教育者进行批判性思考，评估其法律观念中的主观性部分，并在必要时进行干预和修正，以使其与社会共同法律观保持一致。最后，确保法律对受教育者行为的规范和引导是法律教育的最终目标。通过培养受教育者对法律的理解、认同和内化，他们将更有可能自觉地遵守法律，不仅因为法律是一种规则，而且因为他们理解并认同法律的真理性和内在价值观。这有助于社会建立一个更加公平、正义和秩序的环境，促进社会的稳定和进步。

因此，教育系统在培养受教育者的法律观念时，不仅需要强调法律的存在和适用，还需要深入探讨法律的真理性和内在价值观，引导受教育者自主地理解和认同法律，从而实现法律对他们行为的规范和引导。这将有助于建立一个更加公正和有序的社会，同时培养有良好法律观念的个体，为社会的长期繁荣和谐做出贡献。

（四）社会科学知识的政治价值预设

社会科学知识的政治价值预设旨在帮助受教育者更深刻地理解并认同国家政治价值观。通过将政治价值观有机地融入社会科学课程的传授，旨在为受教育者提供关于政治价值观的合理解释和逻辑支持，以引导他们在自己的思考和行为中实现个人价值观与社会政治价值观的和谐共存。

政治制度是国家组织和内部关系的重要生命过程，嵌入伦理领域，具有强制性。政治情感在其中扮演关键角色，反映了对国家的深刻情感。同时，政治制度也受到客观法律的最高规定，是实现道德和法律统一的基础。政治情感通常源自对国家法律、制度和政治价值观的信任和认同。在育人过程中，以马克思主义为指导，借鉴黑格尔的政治国家理论，传授社会主义核心价值观以增强对共同体的信任感应以实际社会发展为依据，避免纯理论灌输。政治制度本身也具有外部约束力，主要表现在法律的推动作用，以促使社会主义核心价值观在各个社会管理层面宣传和倡导，鼓励符合核心价值观的行为，同时制约违背核心价值观的行为。

政治价值预设的关键是确保政治价值观具备逻辑的合理性。只有通过对政治价值观的合理性论证，受教育者才能深刻理解国家的目标是为了公民的幸福，同时认识到国家是实现特殊目标和福祉的唯一条件。这一理解需要建立在对政治制度合理性的信仰基础上，通过课程思政来实现政治制度的真理性证明，从而确保受教育者认同政治制度，并相信它是实现自由和解放的关键。同时，需要强调个人的自信和国家的现实性之间的互相依赖，以及个人目标与普遍目标的统一，这构成了国家稳定性的基础。在应用马克思主义观点时，要清醒认识到权利与义务的结合在市民社会中的局限性，同时要科学借鉴这些观点，以推动更好的社会发展和个人成长。这种政治价值观的教育和认同不仅涉及个体与政治制度之间的关系，还牵涉到国家的发展理念和制度规定如何满足受教育者的成长和发展需要。如果国家的政策不能满足公民的需求，就可能导致社会动荡和国家的失信。因此，政治制度需要不断适应社会的需求，以确保国家发展的稳定性和可持续性。同时，受教育者需要被引导去理解政治制度的合理性，相信它是实现个人自由和国家发展的重要保障。这种信仰和认同可以帮助个体更好地融入国家的政治体系，以实现国家和个体的共同目标。在实践中，我们应该认识到理论观点的局限性，特别是在权利与义务的结合方面，但也要善用这些理论观点，促进社会的进步和个人的发展。

最终，我们需要实现个体的政治价值观与共同体的政治价值观的和谐共存。思想政治教育旨在培养个人的价值观念，并使其认同国家的政治价值观，也就是国家的意识形态。为了实现这种认同，必须在传播过程中对政治价值观的真理性进行深入的论证，并假设国家的政治价值观是客观存在的、具有真理性的。课程思政的使命就在于通过社会科学知识的客观传授，阐释和传播国家的政治价值观，以证明其真理性，并引导受教育者树立爱国意识，赋予政治价值观足够的信任和认同。

这种认同的核心在于理解个人利益与国家利益的内在关联性。只有当国家的目标和利益得以实现时，个体的利益和目标才能够得以满足。因此，将个体的发展与国家的发展相结合是实现真正自由的前提。课程思政的目标是培养受教育者的家国情感，弘扬他们敢于承担的奉献精神，引导他们将追求普遍利益作为人生的理想和奋斗目标。

在这个过程中，思想政治教育不仅是传递知识，更是培养一种社会责任感和爱国情感。这可以帮助塑造有担当的国家公民，他们愿意为国家和社会的进步和繁荣而努力工作。思想政治教育的目标是培养具有坚定政治信仰的公民，他们认同国家的政治价值观，同时也在个体发展和国家发展之间找到了平衡，实现了真正的自由。这对于社会的和谐和国家的繁荣都至关重要。

通过上述分析，黑格尔的伦理、道德和法律理论为育人实践提供了理论支撑，但我们必须认识到这些理论的历史局限性，并进行批判性反思，以更好地应用和借鉴它们。正如恩格斯所指出的，每个时代的理论思维都受到历史和时代的影响，反映了当时的社会和政治背景。

黑格尔的哲学思想是在特定历史条件下产生的，它为当时的普鲁士政府服务，充当了统治阶级统治人民的工具。他的伦理和道德理论强调自由从主观性、特殊性向客观性、普遍性的升华。然而，这种升华更多地体现了统治阶级内部的利益一致性，而对于广大农民和工人来说，它只是个人利益对国家利益的无条件服从。这种历史局限性需要我们审慎对待和反思，以确保我们在育人实践中不会简单地将这些理论应用于当代社会，而是要根据现实情况进行科学借鉴和扬弃。

因此，在育人实践中，我们应该将黑格尔的思想视为有价值的参考，但也要结合现代社会的需求和价值观，进行必要的修正和批判性思考。我们需要建立一个更加包容和公正的教育体系，使每个人都能够获得平等的机会和对待，不受特定利益集团的影响。这样，我们可以更好地培养有社会责任感的公民，推动社会的进步和繁荣。

马克思对黑格尔的国家观持有肯定态度，认为黑格尔在阐述政治信念和爱国主义方面做得很出色。然而，他也进行了深刻的批判，特别是对黑格尔国家观的抽象性和神秘性提出了质疑。马克思指出，黑格尔将国家视为整体机体的思想，虽然有其价值，但却忽略了国家与家庭和市民社会之间的现实关系。

黑格尔认为国家规定了私法的本质，但又将这种依存性纳入了"外在必然性"的关系，这在马克思看来是自相矛盾的。他认为，这种依存性导致了法律和利益受到国家的控制，限制了个体的独立性和自由。马克思同意黑格尔提出的"权利与义务相结合是生成国家内在力量的动力源泉"的观点，但他认为这种结合缺乏现实基础，需要更多地关注市民社会和物质生活关系来理解法律的关系。

在批判黑格尔的国家观的过程中，马克思开始更深入地关注市民社会，将关注点转向了现实的市民社会，以寻找人类发展过程的根源。这标志着他从政治哲学向政治经济学的研究转变，也开启了历史唯物主义的道路。他的思想逐渐从国家观转向了社会历史发展的根本原因，为后来的理论发展提供了重要的思想基础。这一转变为深入研究社会历史发展提供了可能性，也为马克思主义的兴起奠定了基础。

第三节 "课程"与"思政"在价值观教育中的同向同行

课程思政代表着新时代价值观教育观念的更新和进步，是思想政治教育学理论对自身实践的深刻反思，是思想政治教育自身不断完善的过程。它的核心思想是将知识教育与价值教育相结合，同时统一政治性和学术性、育人性和育才性，成为育人实践的基本原则。在课程思政中，我们应该尊重每个人的本质属性，充分关注人的个体成长和发展。同时，也要看到在社会层面，我们需要培养符合新时代中国特色社会主义建设发展需要的建设者和接班人。这实际上是一个现实而紧迫的任务，涉及国家的未来和发展方向。

"三个统一"是课程思政的核心原则之一，即统一知识教育和价值教育、政治性和学术性、育人性和育才性。这是为了确保教育的综合性和完整性，使各门课程共同育人，形成育人的合力。同时，我们也需要深入研究这一理念，明确它的现实性和可行性，以确保它能够在实际教育中得以贯彻和落实。

一、课程思政中的知识性和价值性相统一

在教育过程中，传授知识和引导价值观念是两个关键方面。这两者的统一实际上是育人的核心方式，也是学校教育最有效的方式之一。首先，学校需要注重传授知识和帮助学生积累各种学科的内容。与此同时，学校也应该强调如何科学地引导学生形成正确的价值观念，使知识得以凝聚和发挥其真正的价值。这不仅有助于学生的全面发展，还有助于社会的全面进步。从教育和教学的角度看，知识性和价值性的统一意味着教育课程应该同时具备传授知识和引导价值观的双重任务。这样，受教育者不仅可以学习知识和技能，还可以在道德修养和政治意识方面得到提升。这有助于进一步解决"知"与"不知"的矛盾，同时也有助于化解"信"与"不信"的矛盾，从而提高受教育者的行为和决策的真理性。

（一）价值判断与事实判断的统一

在哲学的认识论领域，人类的知识体系通常由两个主要部分组成：事实判断和价

值判断。这两个方面构成了我们对世界的全面认知。事实判断强调了对现实的客观观察和描述。它使用实证研究、归纳和量化方法，以解释和阐述事物的特性和发生过程。相反，价值判断涉及对事物的道德、伦理或者价值意义的评估。通常，这种评估依赖于推测、思辨和演绎等方法，以判断某事物或行为的善与恶。因此，这两个方面共同构成了我们对世界的全面认知，其中事实判断帮助我们了解事物的本质，而价值判断则关注事物的道德和伦理意义。

首先，我们要认识到价值判断是一种思想和观念的表达，用来判断事物的善与恶。在逻辑上，它通常采用形如"应当是"的结构。这种判断涉及抽象的概念，特别是"善"这个概念，它并非建立在经验和具体行为上，而是源自主体内在的道德法则。这意味着价值判断不能从外部的经验事实中直接推导，而是需要主体的内在实践理性，以及个体的道德法则来制定。这种思考是精神性的，也就是超越功利考虑的，它要求我们以"应然世界"的标准来进行判断。因此，我们依赖内在的道德法则，即内心深处的"善"的概念来进行价值判断。由于这种判断基于观念中的"善"，它并不直接来自感性经验和外部表象。相反，它需要反思和内省，这种过程具有形而上学的特性。只有通过深度反思，我们才能使实践理性为自己立法，进而进行价值判断。如果一个人的思考仅限于感性和表象，而无法进行深层次的反思，那么他将缺乏进行价值判断的思想基础。

其次，让我们聚焦于事实判断，这类判断是基于经验事实，关注的是现实世界的描述，其典型逻辑形式是"是"。这种判断依赖于观察、思考，通过将两个经验表象进行联结或综合，以获取事实真相。它们是从经验事实中产生的，且严格符合逻辑规则，因此具有通用性，可以普遍适用。这种判断旨在追求必然性，它强调了行为是否存在的客观评估，而不是行为的道德善恶。

然而，通过教育，个体不仅获得了事实判断的能力，还应培养价值判断的能力。这是因为教育的终极目标是将知识和技能转化为社会实践，涉及行为动机和行为结果的判断。因此，在事实判断的基础上，个体还需要具备价值判断的能力，以确保其行为动机和行为本身是道德正当的，是以实现精神性价值为目标的，是符合社会普遍利益的。因此，教育与个体的精神息息相关，其目标是引导个体认识真理，然后将真理融入自己的行为和意志中。教育的目标不仅是使人具备事实判断能力，同时也是让他们具备价值判断的能力，从而在行为中实践道德与真理。

最终，价值判断与事实判断归结于实现人的本质。价值判断依赖于"反思"活动，以观念和思想的形式呈现，旨在评价行为，以善恶为标准，以实现精神性价值为目标。事实判断则是对客观事实本身的判断，通过观察和推理从经验事实中获取，旨在追求客观真理。尽管它们关注的对象不同，一个是关于"质料"的研究，另一个是关于"形式"的探讨，但二者却有内在联系，因为它们都是实现人的本质的两种不可或缺的能力。

价值判断建立在事实判断的基础之上，因为在进行价值判断时，需要确保有客观事实的真实存在。事实判断以经验事实为前提，但它的目标是揭示客观事实的真实性，以清晰、准确的方式呈现这些事实。具备事实判断能力使个体能够不断提高运用自然和改造自然的技能和水平。

然而，价值判断也对做出事实判断的意愿和行为起到规范和引导的作用，以确保行为是道德正当的，以使真理在行为中实现。因此，价值判断和事实判断相互关联，共同促使个体在行为中将自然和精神性、自然性和实体性相统一，实现其内在本质的发展。

综合来看，价值判断和事实判断相互依存。如果价值判断脱离客观事实，会变得空洞和神秘，因为它需要现实基础来进行反思。反之，如果事实判断不伴随价值判断，就难以确保行为动机是道德的，导致道德标准的缺失。

因此，价值判断和事实判断必须紧密联系。一个受过专门训练的人在某个领域可能做出正确的判断，但《尼各马可伦理学》认为，真正优秀的人是经过全面教育的人。这意味着全面教育不仅包括专业训练，还包括价值引领，既具备事实判断能力又具备价值判断能力。从人的本质属性来看，教育有助于统一人的自然性和精神性，使个体的自然属性因符合实体性而具备真理性。

（二）价值理性与工具理性的统一

工具理性和价值理性在认知中起着不同的作用。工具理性关注"现实世界"，回答"是什么"，提供关于客观事物的实际信息和认知。它是理性认知客观事物的方式。

相比之下，价值理性聚焦于"应该是什么"，它提供了关于价值关系和评价事实的信息。价值理性的作用在于提出应当的标准和规范，它是我们进行道德和伦理判断的依据。

然而，近代社会中，这两种理性的分离导致了一系列问题，如过度强调工具理性、价值理性的减弱，以及人的物化等。因此，我们需要思考如何实现这两种理性的统一，以解决由它们分离引发的问题。这涉及深入研究它们的特点、内涵以及如何互相影响，以找到统一它们的可能途径。

工具理性强调满足个体的需求和利益，以外部手段和方法为实现个体意愿的工具。它主要着眼于如何有效地达到个体的目标，注重外部结果和物的实用性。但工具理性忽略了行为的根本动机，即为什么一个人会采取某种行为。

然而，行为的动机是道德判断的关键。单纯看行为的结果不能准确判断行为是否是道德的或"向善"的。人的价值应该根据他们内在行为的动机来评估，这些内在行为动机受道德法则的引导和规范。因此，理解和评价一个人的道德行为需要深入考察他们内在的行为动机，而不仅关注于外部结果。

价值理性关注行为的动机，以此作为衡量行为价值的标准。它通过分析行为的动机来判断行为是善还是恶，考察行为的意图是否源自个体内在实践理性的自由决策。

价值理性推动人们追求真善美，将这一追求视为行为的纯粹信仰和评价标准。这有助于人们理解生命的意义和人生的核心价值。因此，可以认为，价值理性的目标是构建和丰富个体的"意义世界"，丰富他们的精神生活，并实现他们的精神性价值。在这一理性范畴内，人们追求的不仅是物质需求的满足，还包括道德、伦理和价值观念的提升。

工具理性和价值理性之间的内在张力是哲学、伦理学和认知科学领域的一个复杂而重要的议题。这种张力涉及两种不同但相互关联的认知和道德取向，分别为精神性价值和实用性价值。精神性价值是与人类内在的道德和伦理原则相关联的。它关注的是善与恶、真理与道德、美与丑等超越实际需求的概念。精神性价值引导我们追求更高尚的目标，超越自我利益，通常被认为是价值理性的核心。这种价值理性通过反思、内省和思考来实现，将道德原则与行为联系起来。实用性价值，关注的是满足实际需求和解决问题的手段和方法。这种工具理性的主要焦点在于如何获得知识、应用技能、解决挑战，以提高个体的自然生存能力。它通常以实际结果和效率为导向。这两种理性之间的张力源于人类自身的复杂性。个体既有精神性和道德需求，也有生存和实际需求。这使得我们在面对道德决策、伦理困境和价值取向时，常常感到内在冲突。我们需要同时关注如何实现高尚的精神性价值和如何满足实际的自然性需求。

实现工具理性与价值理性的统一是一项复杂而重要的任务。它需要在日常生活中不断进行思考和反思，以确保我们的行为既符合道德原则，又能解决实际问题。这也要求我们培养批判性思维，能够平衡精神性和实用性，以便做出明智的决策，同时为自身和社会带来积极的影响。这种内在张力的管理是哲学和伦理学等领域的核心议题，也是我们作为个体不断成长和完善的关键部分。

从人的本质属性来看，我们可以理解工具理性和价值理性之间的内在张力。这种张力涉及个体的精神和道德成长，同时也涉及满足个体的实际需求和自然生存。这两者在我们的存在中扮演着不可或缺的角色。首先，价值理性推动个体的精神生命的成长。它鼓励我们思考道德原则、伦理价值和超越自我利益。这种理性引导我们去探寻真理，理解善与恶，以及内心的道德法则。通过内省、反思和深刻思考，明晰我们追求的是个体精神性的实现。这使我们能够在行为和意志中体现真理，使精神性价值在我们的生活中显现。与此同时，工具理性推动个体满足自然需求，确保我们的自然生存。它关注的是如何获取知识、应用技能、解决挑战，以提高个体的自然性生存能力。这种理性促使我们追求实际结果和效率，以满足我们日常生活中的基本需求。这两种理性之间的内在张力由于我们的有限性而存在。个体是有限的存在，自然性使我们面对生命的脆弱和有限性。但与此同时，精神性是无限的，它追求更高尚的目标，超越个体自身的生存。这种内在张力让个体在自然性和精神性之间存在一种复杂的平衡。我们需要在满足基本需求的同时，不断追求更高的价值和道德原则。这就要求我们通过反思和内省来管理这种内在冲突，寻求更深层次的满足和意义，使自然性与精神性得以统一。

这种内在张力的存在也使我们不断追求精神生活的丰富和超越。我们努力将工具理性和价值理性融合在一起，以满足我们的实际需求，同时追求更高尚的目标。这个过程也是我们作为个体成长和完善的一部分，因为我们在这个内在张力中发展和进化，实现了更深刻的自我意识和内在平衡。

这种内在关系激励个体摆脱自然性的束缚，寻求更高级别的意义和价值。价值理性与工具理性互相支持，使行为更科学和合理。只有通过将二者融合在一起，才能实现自然性与精神性的统一，使个体成为完整的存在。因此，回答如何实现工具理性与价值理性的统一的问题需要深入研究，着眼于人的本质属性，以及自然性和精神性之间的互动。

最终，我们可以解释价值理性与工具理性相统一的逻辑必然性。工具理性的根本来源于科学技术对人类思维方式的深刻影响。它致力于通过实践确认工具和手段的实际用处，以最大化物质财富的实用性价值。这有助于我们通过认识自然界和改造自然界，创造物质财富，延续自然生命，实现自然性。只有在满足基本的物质需求后，人们才能真正追求精神性的目标，因此工具理性为价值理性的发挥提供了实际支持，使人的价值判断不至于过于抽象和神秘。

价值理性则为工具理性的实践提供方向和指导。它要求人们在追求物质财富时，不仅专注于实用性，还要考虑目的性和道德性。价值理性引导我们追求道德和政治价值的实现，促使我们在物质追求中保持精神层面的觉醒。因此，工具理性与价值理性共同确认了"人是人的最高本质"，它们相辅相成。

价值理性指导个人的实践追求向善的方向，鼓励道德和政治价值的实现，通过将个人和共同体价值观相对比，剥离主观成分，提高价值观的客观性。这使个体不仅成为符合个体需求的人，而且成为符合社会需求的人。因此，实现精神性价值向社会性价值的转化依赖于价值理性与工具理性的真正统一。价值判断和事实判断都融入了人类认知活动的方方面面，其最终目的是实现真、善、美的统一，以此为基础追求美的实现。

综合来看，课程思政有力地应对了价值理性与工具理性分离的问题，打破了传统知识领域的碎片化和非互补性思维，取得了育人共识的巨大成功。它实现了价值理性与工具理性的统一，为人的全面发展提供了有力支持。各学科知识都被呈现为对自然和社会的深刻探索、社会实践的经验总结、思想和观念的反思，以及思维规律的揭示。这些宝贵资源代表了人类智慧的结晶，蕴含了坚定的求知信仰、丰富的人文精神，以及深切的国家情感。这些资源在教育实践中不可或缺，而课程思政通过挖掘这些隐性教育资源，给知识传授赋予了温暖和意义。这使得受教育者在学习知识的过程中，不仅增长学识，还在道德修养方面有所提升，文化自信逐渐增强，立足于现实生活世界，追求更加丰富和有价值的人生。

二、课程思政中政治性和学术性相统一

就学科的角度而言，思想政治教育学科的首要任务是维护国家意识形态安全，坚守意识形态领域的立场。在思想政治教育中，必须坚定政治立场，突出政治性质。这并不排斥通过理性和论证来确立政治性观点，而是要以深刻的方式解释和传播政治价值观的真理性，以此激发受教育者内心的真理信仰，使他们自愿地在个人社会实践中践行这一真理。我们的政治代表了广大人民的根本利益，是以人民为中心的政治，为人民提供了认识世界和改造世界的科学方法和世界观。大学不仅是知识的殿堂，还扮演着重要的意识形态建设角色，肩负着国家和民族的期望。因此，有必要建立明确的政治立场，以政治为指导思想，以学理来解释政治观点，使政治和学理相互融合，实现"以政治来统领学理，以学理来阐释政治"的目标。

（一）课程思政中政治立场为学术研究提供根本方向

思想政治教育需要同时实现思想和政治两个方面的教育目标。思想教育的目标是使人充分发展自己的思维和认知能力，从而真正成为一个具备独立思考和判断能力的个体。政治教育则主要侧重于培养政治价值观，旨在实现个人价值观与社会共同价值观的协调，提升公民素养。课程思政坚定了育人立场，既为党和国家的繁荣稳定培养人才，又追求满足人民对美好生活的需求，这是不可动摇的。高校教师，作为学术研究的核心力量，必须在明确的政治立场下，开展学术研究，以服务国家和社会的发展为己任。

首先，课程思政坚定并强化了马克思主义理论在学术研究中的指导地位。党领导全国人民深入探讨马克思主义的科学性和真理性，以马克思主义的原则、观点和方法来分析和解决中国特色社会主义建设中的现实问题，取得了许多卓越成就，这一过程进一步确认了马克思主义的科学性和真理性在中国特色社会主义建设中的实际有效性。马克思主义在中国特色社会主义建设中的指导地位不可动摇，它是实现中华民族伟大复兴的理论支柱和实践指南。党的十九届六中全会特别强调了马克思主义在中国特色社会主义建设中的指导地位，这再次强调了"马克思主义是我们立党立国、兴党强国的根本指导思想"。丰富的社会实践不仅丰富了马克思主义，还赋予了它更多的

生命力。实践是理论创新的基础，因此理论必须与新的实践相结合，新的实践必须由新的理论来指导。政治立场在课程思政中的明确和强调进一步巩固了马克思主义在学术研究中的理论指导地位，引导学术研究为党的执政和国家治理服务，为实现第二个百年奋斗目标提供支持。毛泽东强调理论家不仅要掌握马克思列宁主义的立场、观点和方法，还要能够运用它们来解释中国的具体问题，以理论来解释政治、经济、军事和文化等多方面的问题。因此，课程思政的政治立场鼓励学术研究与丰富的社会实践相结合，推动马克思主义的创新发展，同时通过知识教育和价值引领的有机结合，巩固马克思主义在学术研究中的指导地位，提升学术研究的社会影响力。

其次，课程思政坚守政治立场，引领学术研究坚决捍卫国家政治意识形态的安全，同时抵制来自非主流意识形态的渗透和攻击。多年来，资本主义国家一直采用多种形式和手段，试图渗透我国人民的意识形态领域，否定中国共产党的领导地位，削弱中国特色社会主义意识形态的主导地位，甚至剥夺我国在意识形态领域的发言权。同时，如"新自由主义""历史虚伪主义""普世价值"等社会思潮，对人们的价值观产生冲击，使得价值观念摇摆不定，甚至出现价值观范围混乱等问题，社会不稳定因素逐渐增加。因此，维护国家的意识形态安全、确保主流意识形态的主导地位，成为意识形态建设中必须积极应对和完成的重要任务。尽管面临风险和挑战，我们也应该充分认识到，国际形势的复杂多变为我们提供了清晰认知意识形态真理性的机会。正如习近平总书记所指出的，"学校是意识形态工作的前沿阵地，不是象牙塔，也不是桃花源"。学术研究工作需要坚守以马克思主义为指导原则，建立高度的问题意识，围绕社会问题，深入分析政治意识形态在解释复杂社会问题和引领社会实践方面的作用，以扫除资本主义国家颠覆我国社会主义制度的阴谋，挫败那些侵蚀我国政治意识形态的企图。学术研究成果应该凭借其理论和实践力量，捍卫政治意识形态的主导地位，维护国家的安定与团结。

再次，课程思政坚定政治立场，引领学术研究致力于实施"立德树人"的根本任务，为伟大的社会主义建设实践提供服务。价值问题一直是推动思想政治工作深入发展的重要问题。高校思想政治工作的核心任务是培养人才。在这一背景下，课程思政以"立德树人"为己任，坚守大局意识，探索课程中的育人元素，推动形成育人合力。同时，通过将思想政治教育延伸至各个专业课程，不仅使育人理念和实践的价值取向更加清晰，还为学术研究提供了明确的价值导向。这一价值导向以马克思主义基本原理为指导，坚定共产主义信仰，以培养人才为最终目标，培养适应社会主义建设和发展需要的建设者和继承者。专业课教师作为学术研究的关键力量，需要具备高水平的专业理论知识和思想政治素质，坚守明确的价值立场来开展学术研究、明确学术研究的目的，他们既是专业知识的传授者，又是学生健康成长的引领者。

最后，课程思政在学术研究创新和成果转化方面起到了明确方向的作用。课程思政理念中强调教育者本人也是受教育者，使专业课教师更加清醒地认识到育人是教育的核心任务。这进一步巩固了他们在学术研究上的立场，并为他们的学术研究提供了更明确的价值追求。这种认识促进了教学与科研之间的互动，为学术研究成果在实践中的转化和创新指明了方向。

在社会实践层面，学术研究成果服务于社会主义的发展和建设；在教育教学实践层面，学术研究成果服务于培养社会主义建设者和接班人。这充分证明了"人的思维是否具有客观的真理性，这不是一个理论的问题，而是一个实践的问题"。课程思政为学术研究成果的真理性和客观性提供了确证和创新的途径，指明了方向。它为提升育人效果提供了动力支持，为学术创新和成果的积极转化提供了价值平台。专业课教师在教学和科研实践中的使命感不断增强，将科研与教书育人、社会主义现代化建设紧密结合。他们传承并发扬"求真"的科学精神，融入"求善"的人文精神，充分展示了"达美"的终极关切。

在课程思政中，政治立场起着统领作用。它确立了以马克思主义为指导思想，坚决抵制非主流意识形态的渗透和干扰，以保卫国家意识形态安全。这一立场明确了学术研究的价值规范，旨在推动学术研究为增进人民福祉和国家长治久安提供服务。它还为学术研究成果的创新和应用提供了指导，确保这些成果致力于贯彻立德树人的根本任务，以服务社会主义建设者和接班人的培养为己任。

（二）学术研究为政治意识形态提供学理支撑

在课程思政中，政治立场发挥了关键作用。它鼓励学术研究以马克思主义为指导，以满足国家和社会的发展需求，同时坚守国家政治意识形态的主导地位。这一立场引导学术研究坚定基于政治意识形态的理论基础，旨在提高政治意识形态的科学性和真理性。其目标是促进政治意识形态理论的创新发展，使其在国家和社会发展中发挥引领和指导作用。同时，还关注巩固和提升政治意识形态理论的国际影响力。

首先，需要巩固政治意识形态的学理基础，以提高政治意识形态的科学性和真理性。政治价值观并非凭空产生，它的形成与社会的经济基础和实际生产生活密切相关。政治意识形态的科学性和合理性需要根据其对不同领域社会生活的引领功能进行检验和验证。社会生产活动的顺利展开需要建立在不同领域的科学研究成果得以实践应用的基础上。这就需要来自各个学科的学术研究来提供支持。课程思政为学术研究提供了方向，为政治意识形态的科学性和真理性提供了坚实的理论基础。各个学科在学术研究中坚守政治立场是实现"课程"和"思政"协同发展的重要前提。课程思政明确了不同学科的政治立场，鼓励并引导学术研究成果为社会主义建设者和接班人的培养提供服务。学术研究成果在社会中的推广过程实际上也是学术研究成果接受实践检验的过程，它不仅推动学术研究进一步完善和发展，也充分体现了不同学科在政治立场坚定的情况下，如何使其成果为政治意识形态提供更强有力的支撑。这一切都印证了"不是意识决定生活，而是生活决定意识"的道理。政治意识形态作为学术研究的引领者，通过各个学科学术研究水平的提高和学术成果的价值实现，为政治意识形态理论的完善和发展提供有力支持。

其次，我们需要积极推动政治意识形态理论的不断创新和发展。意识形态通常与国家政治生活息息相关，它体现了一种思想和价值观念的体系，也就是政治价值观。然而，政治价值观的真理性通常难以明确，因为它常常受到各种主观看法和意见的影响。政治价值观并不是绝对的真理，而是一个在不断接近真理的过程中，结合实际国情，逐渐摒弃主观看法的过程。接近真理的过程反映了意识形态理论的不断创新和发展，这是基于问题意识的高度认识，根植于实践，并通过学术研究来实现的。习近平总书记强调："实践发展永无止境，认识真理永无止境，理论创新永无止境。"正如恩格斯所言："一个民族要站在科学的最高峰，就一刻也不能没有理论思维。"因此，学术研究需要通过深入研究政治价值观的真理性，提供学理支持以论证其科学性和合理性。这种论证不是空洞的理论说教，而是通过实践来证明政治价值观在社会实践中的引导作用和行动指导能力，从而巩固中国特色社会主义意识形态的理论基础。中国特色社会主义理论体系得以转化和创新的原动力来自实践。它将中华传统文化与现代实践相结合，源自马克思主义作为强大指导力量的理论体系。马克思主义的批判性和与时俱进性是其卓越特点，通过学术研究，我们依托社会主义建设实践，不断丰富和发展社会主义意识形态理论，凸显其强大的理论引领和指导力，实现社会主义意识形态理论的不断创新，为塑造健康政治生态贡献力量。

再次，我们需要提升政治意识形态理论在国家和社会发展中的影响力和实际指导作用。如习近平总书记所言："理论在一个国家实现的程度，总是取决于该理论在国家需求中的适应程度。"政治意识形态理论的真理性不仅需要通过学术研究来证明，更需要经过实践的验证。实践是检验真理的唯一标准，只有通过实践检验并得到验证的政治意识形态理论才能展现出强大的生命力。这是因为，社会的政治生活、经济生活以及整体社会生活都受到物质生活的生产方式的制约。课程思政通过让所有课程承担育人任务，将政治意识形态理论贯穿于知识教育全过程，以确保政治意识形态理论的建设和发展在实践中得到保障。它通过将政治意识形态理论应用于社会生产生活的实际实践，使理论自身得以验证，反思在理论建设中出现的问题，明确理论建设的方向，提升理论的科学性和真理性，巩固其在国家和社会发展中的主导地位。事实上，实践并不是被动接受思想，反之，思想需要借助实践而变为现实。课程思政推动政治意识形态理论的建设不仅关注解释和指导社会现实问题，同时在解决现实社会问题的过程中不断完善和超越政治意识形态理论，促进其创新和发展。这种创新不是空洞的理论构想，而是扎根于现实的人类生产生活。

课程思政代表着新时代的价值观教育理念的革新，它构建了一个育人格局，确保所有课程都承担育人责任。这为夯实政治意识形态理论提供了完善和创新的实践基础，充分展示了政治意识形态理论的科学性和真理性，稳固了政治意识形态的主导地位，并增强了它在国家和社会发展中的影响力和实际指导作用。

三、课程思政中的育人性与育才性相统一

人的本质属性决定了育人和育才在人才培养过程中密不可分，必须遵循德育至上、育人为基的原则。课程思政中的育人性和育才性的统一，旨在实现人的自然本性和内在精神的统一，强调了培养人才应以道德教育为首要，贯穿人的全面成长的任务。这不仅在理论层面追求人的本质，也在实际层面推动了全面贯彻和实施立德树人的核心任务。

（一）课程思政中"德才兼备"的教育理念

课程思政坚守"德才兼备"的教育理念，这是一种综合与协同的思考方式。"德才兼备"意味着同时具备道德素养和知识能力。道德指的是"善"，而知识是对客观事实和经验的认知。培养德才并重，旨在发展个体的能力和价值观。育德和育才分别关注了价值判断和实际能力的培养，这两者的统一促进了个体的全面成长。育德和育才犹如灵魂与肉体，不可分割。

首先，课程思政中的"德才兼备"教育理念反映了对人的本质属性的尊重和遵循。人的社会性是其本质属性之一，与个体的自然性和精神性相互作用，促使人从自然性中脱颖而出，实现精神性的追求。劳动是确保自然生存的手段，但生产活动却是构成人类生活的关键。这是因为人的特性表现在其自由和有意识的生产活动中，这种意识具有超越性。学习技能和本领使人延续生命，但精神性需要超越物质需求，去追求更高的价值和意义。所有实践都应该有助于实现人的自由和解放。选择谋生手段和应用技能需要在精神和价值观的指导下进行。手段推动目标的实现，而目标则为手段的具体实施提供方向和动力。因此，精神是至关重要的，具体表现为遵循"明大德、守公德、严私德"的价值观念，作为社会成员的自觉。因此，实现人的双重属性需要统一育德和育才。离开育才的育德将变得抽象而缺乏实质，离开育德的育才将导致价值观的混乱。这两者不可分割的根本原因在于人的本质属性，即作为个体进行生产和社会关系的方式。课程思政使崇高的理念信仰在各个课程中得到文化元素和科学精神的共同滋润，实现了"课程"与"思政"相互促进的协同育人实践，互相增强。

其次，课程思政中的"德才兼备"教育理念致力于实现人的全面发展。最终教育的目标在于充分实现个体的本质，使其成为完整的存在。传统的教育观念中，重视知识传授，而忽视了价值观念的重要性，这种"功利主义教育观"导致学校被视为知识

的加工厂，带来一系列社会问题，包括价值观的迷失、道德的失范，导致人的精神失落。然而，课程思政从"现实的人"的实际需求出发，更新育人理念，通过将价值元素融入教育，明确了课程的教育目标和指导方向。这激发了教育从实践中自我反思，增强了育人意识，使课程在育人方面的作用得到更好发挥。

最后，课程思政中的"德才兼备"教育理念旨在培养全面发展的社会主义建设者和接班人。这一理念明示了价值观教育应遵循的现实性原则，强调了现实生活的重要性作为理论发展的基础，突出社会问题的解决为理论创新的驱动力。课程思政关注新时代社会主要矛盾的变化，积极响应社会主义建设的现实需求，旨在培养适应社会发展需求的新时代人才，体现了价值观教育的现实性原则。同样，它也呼应了超越性原则，认为价值观教育需要追求理想与现实的统一。课程思政是新时代价值观教育理念的革新，将思想政治教育扩展到所有专业课程，促进育德和育才的统一，使"德才兼备"教育观念更丰富，更具时代内涵和价值。在理想和现实之间产生的张力推动这一观念在理论与实践之间的不断成熟和完善。

课程思政以人的固有特性为核心原则，促使育德和育才共同引导育人过程，塑造出德才兼备的社会主义建设者和接班人。

（二）课程思政中的"德育优先"原则

中华优秀传统文化强调了道德的重要性，认为品德是一个人的基石。因此，德育在培养时代新人的理想品格中扮演着关键角色，同时也是传承和弘扬中华传统文化的基础。维持高尚的道德修养被视为实现个人全面成长的不可或缺条件。

首要任务是通过教育回归人的本质，使个体能够拥有真正的自由意志和道德观。实现这一目标需要引导人追求道德的"自由意志"，即一种追求善和普遍利益的内在意愿，超越个人的物欲和独特利益。这个过程涉及培养主体的内在自由意志，并使其在行动中得以实现。同时，需要认识到外部强制力无法代替内在道德立法原则的建立，只能通过教育来引导个体逐步摆脱独特利益，追求道德的自由意志，实现从有限性和抽象性到无限性和现实性的跃迁。因此，在教育中，将"立德"置于首位，意味着通过教育的力量引导人们培养自由意志，实现道德观与自由意志的统一。

其次，课程思政中的"德育优先"原则是对中华优秀传统教育文化的传承和弘扬。中国传统文化强调道德的重要性，道德规范在中国历史和文化中扮演了关键角色。培养高尚的道德品质、强调修身养性、培养家国情怀，以及为和平而奋斗等都是中华民族的传统美德，也是中华文明传承和延续的基础。道德被视为人之根本，是塑造个体灵魂的核心。这一原则的重要性在当今社会愈发凸显。在现代社会，随着科技和经济的迅速发展，道德价值观常常受到冲击。"德育优先"原则在教育中提供了坚实的道德基础，使学生在面对复杂的伦理抉择时能够保持清醒的头脑和高尚的品德。这有助于预防不正当行为、欺诈和腐化。

此外，这一原则也有助于培养公民责任感。强调修身养性和家国情怀有助于塑造学生对社会和国家的忠诚感。这是培养具有社会责任感和参与感的公民的重要一步。

最重要的是，"德育优先"原则强调了和平与协调。在当今世界，和平是至关重要的，而道德是维护和平的基础。通过教育学生尊重他人、理解差异和解决冲突的道德原则，我们可以为和平的实现和维护做出贡献。因此，课程思政中的"德育优先"原则不仅是对中国传统文化的传承，也是对当今社会和世界的需求的响应。它为培养有道德、有责任感、有和平意识的新一代公民奠定了坚实的教育基础，有助于塑造更美好的社会和未来。

最后，强调"德育优先"原则完全契合新时代中国特色社会主义建设的内在需求。在这个时代，道德修养已经被明确认定为成才的基本前提。即使一个人拥有广泛的知识和深厚的学识，如果缺乏良好的道德品质，依然难以成为真正的完整人。因此，高度重视"德育优先"并将其渗透到青少年教育的各个层面，特别是将思政元素融入专业课教学，对于培养那些将承担国家重任的杰出领袖至关重要。这种教育方式不仅挖掘了中华传统文化中珍贵的道德资源，而且通过与现代价值元素的对话和融合，提升了中华传统文化的生命力和吸引力。这有助于引导受教育者树立高尚的道德观念，以更好地应对国家的伟大使命。总的来说，"德育优先"的原则为新时代中国特色社会主义建设提供了内在支持，确保了新一代的公民不仅具备必要的知识和技能，还拥有高尚的道德品质，以更好地服务国家和社会的发展，推动中国特色社会主义事业向前发展。

课程思政的"德育优先"原则是回归育人的核心，尊重个体的本质属性，贯彻"立德树人"的首要任务，同时也是对中华传统教育文化的传承和弘扬。

第四节　课程思政在价值观教育中的学科交叉基础

课程思政的核心在于将思想政治教育融入所有课程，实现全面覆盖。这并不仅是表面上的覆盖，而是思政与各学科之间的深度融合，是为了赋予课程灵魂，构建有机的学科体系。这种深度融合为实现全面的价值观教育提供了逻辑前提。对于实现学科交叉基础，我们需要考虑学科边界的模糊化，使不同学科之间的知识交流更加流畅。同时，我们也需要打破课程之间的壁垒，使思政元素能够在不同领域之间自由流动。这需要挖掘思政元素，并将其融入知识传授，以使教育更具综合性和深度。

因此，对于课程思政在价值观教育中的学科交叉基础，我们需要提出深刻的问题和追问，这是实施和推进"课程思政"不可或缺的前提。只有通过充分理解和分析学科交叉的基础，我们才能更好地实现思政与课程的有机结合，为学生提供更全面的教育。

一、专业课知识点中价值渗透的学科交叉基础

课程思政是将思想政治教育学科与其他学科以价值观教育为纽带，旨在共同培养学生，搭建的一种综合性育人平台。它不仅将学科之间的理论联系拓展到实际教育实践中，也作为思政学科与其他学科交叉协同的助推器。为了分析和论证专业课知识点中的价值渗透，需要强调思政学科与其他学科交叉合作的必要性。交叉合作将有助于明确在课程思政体系中不同学科知识点之间的相关性，以及构建跨学科知识点的价值观平台。此外，需要探讨如何在实践中实现"课程思政"中跨学科知识点的创新，以确保思政教育能够真正融入各个领域，实现全面育人的目标。这个过程不仅将强调知识的传授，还将重视价值观念的融入，使学生能够全面发展并具备高尚的道德品质。因此，理论与实践的结合以及跨学科知识点的创新是实施"课程思政"不可或缺的元素，有助于为学生提供更全面的教育。

（一）思政学科与其他学科交叉的必要性

美国社会学家阿历克斯·英格尔斯的比喻将不同学术领域比作一件能勾画出形体的宽大"斗篷"，而不是僵硬的"盔甲"。这意味着学术领域之间的边界不应该划分得过于严格，而应该具有开放性和互动性。这一观点表明学科之间的界限可以是灵活的，而不是刚性的。黑格尔的比喻也强调了这一点，他认为一个学科的发展不会因为吸纳其他学科的理论和方法而失去自身特色，反之，这种交流可以丰富和提升学科的内涵。

在这一背景下，思政学科作为马克思主义理论学科的一个分支，也应该与其他学科进行交流和互动。这种跨学科合作有助于拓宽思政学科的视野，提升学科建设的深度。思政学科具有多学科综合的特点，因此与其他学科的交叉是自然而然的。

同时，思政学科的功能和使命要求它与其他学科交叉，以更好地培养学生。通过与其他学科的合作，思政学科可以催生学术生长点，促进学科体系的发展和完善。这种开放性的学科建设有助于凝聚和提升教育的质量，实现合力育人的目标。因此，在坚持学科本位的前提下，跨学科交流和合作是推动思政学科和整个学科体系的进步和发展的必要举措。

首先，学科交叉是因为人类的本质需求。无论是自然科学还是人文科学，它们最终都与人的问题有关，因为所有的研究最终都是以人为根本目的。尽管我们将它们分为不同的研究领域，但它们都追求共同的价值目标，并在未来相互融合，以共同的价值观为支持。学科的特色和独立性不应该表现为不可逾越的边界，而应该在推动人的全面发展的过程中承担责任和担当。

实现人的全面发展是所有学科的共同价值目标，它为学科提供了创新和发展的思想支持和动力。这个共同的目标将不同学科整合成一个有机整体，消除了学科之间的壁垒和文化差异。这些壁垒和文化差异导致了学科研究的局限性、独立性，以及结果的孤立性。因此，思政学科，作为一个以人的思想和观念为研究对象的领域，应该积极参与学科交叉和互动，借鉴其他学科的理论和方法，完善自身的研究方法，丰富学科内涵，创新发展理念和研究视角。

综上所述，学科交叉是为了实现人的全面发展，为了打破学科之间的界限和促进学科的发展。它为学科提供了更广泛的视野和深度，消除了学科壁垒，促进了知识的交流和创新。思政学科应积极参与学科交叉，通过借鉴其他学科的经验，完善自身，实现其功能的最大限度的发挥。

其次，思政学科与其他学科的交叉合作是对应对现代社会问题的复杂性以及多维性育人需求的积极回应。随着科技进步和经济发展，社会问题变得更加复杂，通常反映了人的思想和文化、生态、伦理、环境等多方面的关切。这些问题跨越学科界限，因此"只囿于一个学科内部来认识与之有关的一切问题是不够的"。事实上，所有学科的研究都与人的问题直接或间接相关，因为它们最终都与人类的生活和社会互动有关。

当一个学科无法提供解决问题的方法时，思考来自其他学科的思维方式变得至关重要。这种跨学科交流和互动有助于思政学科更好地应对现代社会问题，如全球化、社会分层、公共安全、风险管理、社会建设和社会管理等。马克思主义理论的研究应以社会热点问题为基础，积极与其他学科展开学术交流，致力于在社会和学术热点问题的讨论中发挥积极作用，提高研究的社会价值，并充分发挥马克思主义解释和指导现实问题的能力。在全面建成小康社会的背景下，提升人们的精神文化生活质量成为重要任务，也是解决当前社会矛盾的关键。思政学科作为肩负铸魂育人使命的学科，必须积极承担责任，积极应对社会变革，与其他学科进行交叉合作，以凝聚育人合力。这对于新时代思想政治教育工作具有重要意义。

社会的复杂性和不确定性影响了人的思维和行为，同时也导致了各种各样社会问题涌现。这些问题往往不是单一学科所能涵盖和解决的，因为它们在本质上是多维的、相互关联的，受到众多因素的影响。

面对这些社会问题，传统的学科划分常常显得不够灵活和综合，单一学科无法提供全面的理解和解决方案。这就需要不同学科之间相互合作，共同努力来深入探究问题的深层根源和本质。例如，一个社会问题可能涉及科学、技术、人文、社会、政治等多个领域，只有通过多学科的合作，我们才能更全面地理解问题，并提出有效的解决方案。

多学科的协作有助于汇聚各种专业知识，提供更深入的洞察力，促进更全面的分析，从而更好地应对社会问题的复杂性。这种跨学科的方法也有助于创新和发展新的解决方案，为社会问题提供更持久的解决途径。因此，在面对复杂多样的社会问题时，多个学科需要紧密协作，以共同探索问题，深入分析，寻求综合解决方案，从而更好地满足现代社会所面临的挑战。

学科发展的演变与学科划分最初根植于人类知识的分类需求，以帮助我们更好地理解和处理日常生活中的各种现象。然而，随着时间的推移，知识的无限性和个体认知能力的有限性之间的矛盾不断显现。这意味着不同学科的划分已经不能完全满足我们对复杂问题的深入理解和综合解决方案的需求。

学科之间的内在关联性变得越来越明显，它们互为条件，相互支撑。从自然科学到社会科学，从人文学科到技术学科，这些领域之间的交叉与融合已经成为科学发展的不可逆转趋势。我们逐渐认识到自然界是一个复杂的、相互联系的整体，各种现象和现象之间存在深刻的相互作用。

因此，学科交叉不仅是为了更好地解决社会问题，也反映了学科发展的内在规律。通过不同学科之间的协同合作和知识交流，我们能够更全面地理解问题，提供更全面的解决方案。这种合作有助于促进整个科学体系的可持续发展，为未来的知识探索和问题解决提供更广阔的视野。科学之所以不断进步，正是因为它作为一个内在整体，要求我们不断超越学科的边界，开展跨学科合作，以更好地理解世界的复杂性和多样性。这是科学的本质，也是科学为人类进步和发展提供的无限动力。

人类问题的多层次和科学的综合性要求思政学科与其他学科共同合作，以遵循学科发展的趋势，共同解决多样的社会问题。

（二）课程思政体系中学科交叉知识点的相关性基础

不同学科之间的知识点关联是推动学科发展和知识创新的关键因素。自然科学学科内部及学科之间的交叉知识点具有深刻的相关性，这是因为自然界中的各种现象和物质都相互联系、处于不断运动之中。学科界限的划定原本是为了帮助我们更好地理解世界，但这种人为的划分并不能限制不同学科之间的交叉与融合。恩格斯指出，自然界是一个有机整体，不同的部分相互联系，不可分割。这也适用于不同自然科学学科。它们的研究领域和方法可能有所不同，但它们都致力于深化我们对自然界规律的认识。因此，自然科学学科之间的交叉与融合是不可避免的，它有助于丰富和创新原有的知识体系，推动整个学科的发展。

不同学科之间的交叉与融合是推动知识体系持续进步和解决复杂问题的关键。在观察整体与部分的关系时，我们可以看到各个部分在相互联系和合作中形成有机整体，共同推动知识的不断增进。

这种整体性思维同样适用于不同学科之间的关系。虽然每个学科都有其独立的领域和专业视角，但只有通过跨学科的相互联系和合作，它们才能真正形成有机整体。这种有机整体的形成有助于促进知识的全面发展，因为不同学科之间的相互作用和合作可以丰富研究方法和观点，提高研究成果的质量和深度。

这种交叉与融合不仅能满足我们更深入理解复杂世界的需求，还有助于促进跨学科合作。在当今复杂多变的社会环境中，许多问题不再仅仅属于一个学科的领域。解决这些复杂问题需要不同学科的协同努力，因为每个学科都能提供独特的见解和解决方案。

因此，自然科学学科之间的交叉与融合是为了更好地理解世界，提高知识的真理性和深度，不断改进学科知识体系，创新学科的内生动力，进一步推动整个科学体系的可持续发展。这种交叉与融合有助于加强学科之间的协同合作，为解决当今社会面临的复杂问题提供更有效的解决方案，推动社会的进步和发展。

思想政治教育学科与自然科学学科之间虽然研究对象不同，前者侧重于人的思想和精神层面，而后者关注自然界的客观规律，但它们共享一个关键特征：以人为根本目的。在人类的认知和改造世界的过程中，我们不仅积极地探索外部的客观世界，还在这一认知实践中反思和认识自己的内心世界。

这个双重生命的本性决定了我们最终的目标是实现自身的全面发展。因此，思想政治教育学科引领自然科学学科的发展，强调科学精神的传承与弘扬，明确价值立场，为自然科学学科提供方向，夯实了两者之间知识点的相关性基础。这不仅有助于形成育人共识和凝聚育人合力，而且充分发挥思政学科在引领、启发、引导、培养学生的思想和价值观方面的关键作用，实现了育人使命的充分发挥。

在马克思主义哲学的指导下，自然科学和思想政治教育学科相辅相成，形成了一个统一的人的科学基础。自然科学是人类生活的基础，同时也是所有科学的基础，而思政学科则提供了重要的思想、道德和社会价值的指导。这种内在关联性在教育中尤为重要，因为它确保了学生在自然科学学科和思想政治教育学科之间建立有机联系，实现全面的教育目标。因此，思想政治教育学科与自然科学学科交叉知识点的相关性为育人共识的形成和育人合力的生成提供了坚实的基础。

自然科学专注于研究自然界的规律和现象，但这并不限制它的重要性。事实上，自然科学的知识对于人类的进步和发展至关重要。这些知识不仅是理论性的，更是能够转化为实际技能和技巧，以改造自然界、维系自然生态系统，并实现人类社会与自然的和谐共生。恩格斯的观点强调了人类思维和认知能力的本质，这些能力源于我们与自然界互动、改变和塑造的能力。人类的智力发展与我们是否理解并应用自然规律和思维规律密切相关。通过积极的实践活动，我们不断提高认识和改造自然界的能力，这是一个科学性和合理性的过程。恩格斯还指出，思维规律和自然规律在正确理解的前提下是一致的。这意味着人类的思维和自然界之间存在内在的一致性，我们的思维能够反映自然界的规律。因此，我们的认知和思维能力不仅是解开自然奥秘的关键，还是促使我们理解人与自然之间的相互作用关系，实现和谐共生的重要因素。

总之，自然规律与思维规律之间的相互关系和一致性使人类具备了改造自然、实现和谐发展的能力，同时也推动了人类思维和认知能力的提高。这种理解不仅有助于自然科学的发展，还深刻影响着我们对自然界和自身的认知。

哲学社会科学专注于人的思想、观念和社会行为的研究，尽管研究对象各异，但它们共同关注的是人的精神和社会方面，因此存在着交叉和相关性的机会。这种相关性不仅是学科内部的，还涉及不同学科面临的共同社会问题。这些问题通常相互交织，不可能仅仅依赖一个学科的力量来解决。现代社会充满了复杂的挑战，如信息化、全球化、经济发展、环境保护、资源开发、社会治安和网络安全等方面。正是由于这些挑战的多样性，学科交叉得以创造条件并提供机会。

值得强调的是，树立"问题意识"在这一背景下尤为关键。马克思所指出的"哲学家们只是用不同的方式解释世界，而问题在于改变世界"表明了解决社会问题的紧迫性。哲学社会科学学科拥有育人价值观，将"以人为根本目的"作为最终目标，通过面向现实社会问题，不断增强自身功能和内涵，以推动社会的进步和解决现实问题。这不仅促进了学科内部的发展，也为跨学科的合作提供了更多机会。

思政学科与哲学社会科学学科之间存在交叉知识点的相关性基础。虽然哲学社会科学学科通常围绕一定的价值立场展开研究工作，但其研究的目标是阐释真理，是学术性的活动，不要求学习者必须接受其中的观点。然而，现代社会的信息化、科技化和全球化发展，以及多元化的价值观念，导致了价值取向的多样化，以及人们在价值立场选择方面的困惑和犹豫。在哲学社会科学学科的发展历程中，有一些问题，如缺乏自信、价值和政治立场不够坚定，阻碍了学科的发展，减弱了其人文和社会价值。

通过思政学科与哲学社会科学学科的交叉，可以更好地明确价值导向，强化马克思主义的指导地位，将知识教育与价值观教育融合，加强育人意识，提高立德树人的水平。这种交叉还有助于提升哲学社会科学学科的文化自信，树立坚不可摧的理论自信，构建共同的价值观念平台，使哲学社会科学知识的传播和解释更具吸引力和感染力。这有助于增强学科的社会影响力和价值，以更好地服务社会的发展和进步。

通过分析可知，自然科学学科之间以及自然科学学科同思政学科之间、哲学社会科学学科之间以及哲学社会科学学科与思政学科之间是存在学科交叉基础的。学科内部的交叉源于研究对象之间存在的内在关联性。思政学科与自然科学学科交叉源于自然界作为人的无机的身体而存在。思政学科与哲学社会科学学科交叉源于建构人的意义世界是二者的共同价值追求。

二、课程思政体系建构中的统筹布局及学科交叉意义

所有课程都承担育人使命，其核心目标是实现协同育人。在构建课程思政体系时，统筹安排不仅为学科交叉提供坚实的理论基础，还为跨学科合作提供内在推动力，使其从简单的"知识嫁接"和"外部输入"发展为有机的"学科交叉"和"学科内生"。这种整体布局有助于在课程中整合育人资源，创新育人方式，确保教育体系能够灵活应对不断变化的需求，从而提供可靠的支持和保障。

（一）从"知识嫁接"到"学科交叉"的统筹布局

"知识嫁接"模式的起源反映了思政学科在其发展早期的多学科取向。这时，思政学科处于一个探索阶段，多个学科领域都在独立思考和解决相同问题。各学科更注重在自身领域内提供独特的问题解决方案，而学科之间的互动和合作相对有限。这一多学科视域的初期发展，虽然有助于各学科在自身范畴内的独立发展，但也限制了学科之间的深入合作和互动。

在这个初期阶段，思政学科主要采用了"知识嫁接"的方式来获取其他相关学科领域的信息和理念，以应用于解释和处理社会问题。这意味着思政学科从其他学科借鉴相关概念和原理，将其应用于自身的研究和实践中。这种方式虽然为思政学科提供了宝贵的知识资源，但缺乏真正的学科互动和交流，使学科之间的联系仍然相对薄弱。

然而，这一初期发展阶段为思政学科的发展奠定了基础，为其后来的演进提供了有益的经验。随着时间的推移，思政学科逐渐认识到学科交叉和合作的价值，进一步发展为更加综合和互动的学科，以更好地应对复杂的社会问题。

"知识嫁接"模式在发展过程中表现出一些明显的局限性。首先，这种模式获取的知识通常是偶然性的，源于经验积累，是经过归纳和演绎得出的经验性判断，因此缺乏普遍性。这意味着通过"知识嫁接"方式获得的知识对于解决社会问题的适用性有限，特别是在面对复杂多变的社会问题时，这些知识可能显得力不从心。因为这种知识是偶然的、不具备必然性，它们往往孤立存在，缺乏内在的关联，难以构建起系统完备的学科知识体系。在学科理论的建设中，这种模糊的知识体系限制了思想政治教育学科在解释社会现实问题和应对挑战方面的表现。思想政治教育学科需要更多地探究有关价值观教育的普遍规律，以提高其理论的科学性和客观性。

在初期发展阶段，多学科视域或许能够满足思政学科的需求，但随着社会的不断演变，社会问题的多样性和复杂性也不断增加。因此，思想政治教育学科需要更加全面的知识体系，以更好地满足社会的发展需求。这意味着思政学科需要在知识的积累和整合方面取得更大的进展，以应对当今社会面临的复杂问题。

从"知识嫁接"模式向"学科交叉"的统筹布局转变是出于多重动因。首先，学

科理论的发展往往受到社会需求的推动。社会问题的多样性和复杂性不断增加，要求学科理论在解释和应对这些问题方面发挥更大的作用。因此，学科理论需要适应这一挑战，以更好地满足社会需求。

课程思政的引入带来了思政学科建设观念的创新和实践创新。通过将"课程"和"思政"结合，思政学科能够更好地与其他学科互动和交流，创造有利于合力育人的共同目标。这种新型的教育模式激发了思政学科与其他学科之间的沟通与协作，从单向的学习和借鉴向建立在共同的价值观念基础上的学科互动交流迈进。

最终，为了应对复杂的社会问题，思政学科将多学科视域升级为学科交叉视域。在这个过程中，思政学科逐渐开始反思学科的功能，并形成了学科的自觉发展模式。这一转变也使学科的发展变得更加科学化，能够更好地应对日益复杂的社会挑战。

学科交叉的推动在理论层面引领了学科建设的自我反思和自觉发展。这进一步明确了各学科的基本范畴，为新的学科发展提供了机会和条件。这种努力促使学术研究领域形成了更广泛的共识，推动了各学科、各课程之间的协同育人和综合发展，为形成一个和谐的教育体系铺平了道路。

（二）从"外在输入"到"学科内生"的统筹布局

"外在输入"发展模式在思政学科建设的早期阶段确实发挥了一定作用，它是思政学科初步探索和学科形成阶段的必然产物。然而，它也存在着一些局限性，特别是在应对现代复杂社会问题和构建系统的学科知识体系方面，这些局限性值得关注。首先，这一模式虽然吸纳了不同学科的观点和方法，但通常会导致知识的碎片化。因为来自不同学科的知识通常是零散的，难以形成有机的整体。这种碎片化的知识在应对综合性社会问题时可能显得不够综合，难以提供全面的解决方案。当社会问题涉及多个维度和领域时，这种碎片化知识可能不足以满足思政学科的需求。其次，"外在输入"模式常常表现出一定的偶然性。因为外部知识资源通常是在特定背景下形成的，这意味着它们可能受到特定学科领域的局限性和偏见的影响。这种偶然性可能导致思政学科的研究成果受限，难以建立自身独特的理论和方法。最重要的是，这一模式可能难以应对现代社会复杂性的挑战。现代社会问题往往涉及多领域的交互和相互依存。例如，社会问题可能涉及伦理、政治、经济、文化、环境等多个领域。使用外部知识来解决这些问题往往需要跨学科的合作和整合，这超出了传统学科的界限。因此，这一模式在应对现代社会复杂性的挑战时表现出有限性。

综上所述，虽然"外在输入"模式在思政学科建设初期有其益处，但它也存在碎片化、偶然性和难以应对现代社会主义复杂性的挑战等问题。学科建设需要更深入地挖掘内部资源、提升内生动力，并建立系统的学科理论体系，以应对现代社会的挑战。同时，学科的交叉和合作也变得更加重要，以构建更全面的解决方案。

外部输入的知识，尽管在某些情况下对学科发展产生积极影响，但它确实存在一些挑战和局限性。首先，外部知识资源通常是根据特定学科的视角和方法形成的，因此可能受到这一领域的局限性和偏见的影响。这可能导致思政学科在理论和方法上受限，难以融合多学科视角来解决现实复杂问题。

另一个问题是外部知识资源可能不足以满足思政学科的特殊需求。思政学科通常需要处理与伦理、道德、社会价值观等密切相关的问题，这些问题可能不是其他学科的主要关注点。因此，依赖外部知识资源可能导致学科在这些关键领域的理论和研究不足。此外，外部输入的知识可能不具备足够的深度和细节，无法应对思政学科在解决社会问题时需要的高水平分析和理论构建。这可能限制了思政学科在解释和应对复杂的社会问题时的能力，因为它们可能无法深入挖掘和理解这些问题的根本原因和复杂性。因此，尽管外部知识输入对学科建设和发展有一定的推动作用，但它仍需要与学科内部资源和自身理论体系的建设相结合，以充分满足思政学科在伦理、价值观和社会问题领域的需求，从而实现更加全面和综合的发展。

另外，外部输入模式也存在可持续性的挑战。学科的发展不应长期依赖外部资源，而是应该建立自身的理论体系和内生动力。只有这样，学科才能在面对新兴问题和挑战时具备自主创新的能力，而不是依赖外部指导。

课程思政作为新思维的引入，改变了这一格局。它通过将思政元素融入专业课程，实现了思政学科向其他学科的内生渗透。这种渗透不仅有助于思政学科的内部建设，还为其他学科提供了具有价值观教育意义的资源。这为学科建设提供了更加坚实和可持续的基础，使学科能够在理论和实践层面更加自觉和自主。通过课程思政的推动，学科不再仅仅依赖外部输入，而是开始主动产生内部的知识、观点和理论。这是学科发展的一个关键的演进，有助于学科实现更加全面和深入的发展。

三、课程思政对未来国家教育体系的空间拓展

课程思政是应对传统教育中的知识教育与价值观教育分离问题的一项革新举措，它旨在实现知识传授与价值观培养的有机统一，充分整合课程作为主要教育工具的资源，逐步改进教育课程的设计，同时打破学科之间的界限，扩展学科的发展领域，促进学科交叉、交叉学科和跨学科研究的开展，以全新的学科发展理念推动育人模式的拓展和发展。具体来说，课程思政旨在消除传统教育中的"两张皮"问题，即知识教育与价值观教育之间的割裂。它通过将思政要素有机地融入各类专业课程，使学生在学习专业知识的同时也获得价值观念、道德情感等方面的教育。这种有机统一有助于培养全面发展的学生，具备综合素养，不仅是专业领域的专家，还具备社会责任感和价值观。此外，课程思政推动课程建设的完善。它鼓励学校和教育机构重新审视并改进现有课程，以确保课程内容和教学方法更好地传递价值观念和思政要素。这为学

生提供了更加丰富的学习体验，有助于他们在知识领域以外的方面获得启发。课程思政还突破了学科壁垒，鼓励学科之间的交叉合作。这有助于学科的全面发展，促进不同领域的知识交流，激发了跨学科研究的热情。这种学科交叉和交叉学科的建设为学术创新和问题解决提供了更广泛的视角和方法。最终，课程思政引领了育人模式的空间拓展。通过将思政元素融入各类专业课程，学生更容易将所学知识与道德原则相结合，从而更好地理解知识在社会和个人生活中的价值。这有助于培养有社会责任感和领导能力的人才，为未来的社会和职业生涯做好充分准备。

（一）教育体系在课程建设方面的空间拓展

课程思政的实施推动了传统价值观教育观念的革新，它使课程不仅承担知识传授的任务，还肩负了价值观教育的责任，激发了课程在育人方面的自觉性。这引领了课程建设的全面提升，具体表现在多个方面，如拓展课程内容、创新课程设计观点以及拓宽课程建设领域。首先，课程思政将"立德树人"作为根本任务贯彻在课程建设中。它确保思想政治教育渗透到所有专业课程，实现对专业课程的全面覆盖。这意味着所有课程都要认识到"立什么德"和"树什么人"的重要性，深刻理解和切实遵守"德育优先"的育人原则。这一改革有效地解决了传统专业教育和思想政治教育之间的割裂问题，消除了思政课程的"孤岛"化情况，实现了知识传授和价值观培养的统一，推动了所有教育工作朝着提高立德树人效果的目标有序开展。

此外，课程思政也鼓励课程建设的拓展。它促使学校重新审视并丰富课程内容，通过不同的教学方法和视角创新课程设计。这意味着不仅要注重专业知识的传授，还要注重培养学生的道德、社会责任感和综合素养。这一维度的拓展有助于学生全面发展，并在职业生涯和社会生活中更好地应对各种复杂的挑战。最终，课程思政拓宽了课程建设的领域。它鼓励学科之间的交叉合作，为跨学科研究和知识交流提供更广阔的平台。这种多学科的合作使学科的发展更具创新性，为问题解决提供了更全面的视角和方法。同时，它也帮助各个学科更好地挖掘和接受价值观教育资源，推动了学科建设从"两张皮"的分离到内外统一的有机发展。

其次，课程思政的指导思想是让课程不仅承担知识教育的任务，还兼顾价值观教育，以满足现代社会对精神层面的更高需求。现代社会对民主、正义、文明、道德等精神价值的要求日益增强，人们对社会发展和个人生活的全面性要求也变得更为迫切。因此，除了物质文明的建设，提供高质量的精神食粮也成为满足人们对美好生活的基本需求。这要求培养高素质、全面发展的人才，他们能够积极参与社会主义建设伟大实践。在这个背景下，教育的主要工具即课程，需要充分满足这些新的需求。这包括了根据不同专业的特点和能力素质要求，对课程进行整体设计，将思想政治教育资源巧妙融入知识传授的过程。这不仅丰富和拓展了课程内容，也优化了课程结构，并提升了教师队伍的建设水平。通过将课程内部所包含的价值元素融入知识的传授和解释中，使知识不再冰冷和抽象，而是充满了人文关怀和情感，这种温暖性质逐渐消解了课程之间的冰冷壁垒。更进一步，这种改进激发了课程内部的育人意识。它帮助课程唤醒内在潜力，促进课程之间互动和交流，也促使共识的建立。这种共识不仅在知识传授方面，还包括对学生道德、社会责任感和综合素养的培养。它鼓励各门课程共同追求育人目标，为培养更具价值观的、全面发展的人才而努力。这种新的教育范式将知识和价值观有机结合，使教育更全面、有深度，提高了学生的综合素养。

最后，课程思政的推动不仅在于让所有课程肩负育人职责、明确育人导向和达成育人共识，还涉及视角的创新和视域的拓展。这一新理念对传统教育思想进行了彻底的颠覆，实现了育人与育才的统一。在传统教育中，常常出现育人与育才的分离，即过于注重知识传授而忽视价值观培养，或者反之。这样的偏向可能导致学生在知识获取方面表现出色，但在道德与价值观方面却缺乏指导和关怀，甚至造成价值观混淆和失范。或者学生可能被灌输了大量知识，却没有机会探究人生意义和伦理规范。

具体来说，传统教育往往把专业课视为纯粹的知识传递工具。然而，这种教育思维过于"任性"，即过于专注特定知识的传授，而不考虑知识与价值观的关联。这导致了缺乏"自由意志"的探究，即对于知识教育与价值观教育如何相辅相成、相互关联的思考。在这样的传统观念下，知识教育常常带有功利主义的倾向，只关注培养某种特定类型的专业人才，而忽略了如何将人培养得更全面。因此，课程思政通过重新审视传统教育观念，使各门课程更多地关注知识与价值观的融合，鼓励学生思考知识与人生价值观之间的联系。这种新思维方式拓展了教育的视角，使课程不再局限于纯粹的知识传授，而将其融入更广泛的人生教育和价值观培养中。这不仅有益于学生的全面成长，也推动了教育领域的创新。

课程思政的革新意义在于打破了传统教育中培养人与培养特定类型人的分离，以及教育实践被停留在"任性阶段意志"支配的困境。它通过将思政元素融入知识传授过程，使所有课程都明确了育人的立场，清晰了育人的价值取向，达成了育人的共识。这一新思维终结了知识教育与价值观教育"各自为战"的局面，统一了课程建设的方向。此举不仅在课程之间掀起了互动和交流的浪潮，也激发了学生对知识与价值的深度思考和对话的兴趣。

课程建设因此逐渐摆脱了传统理念的桎梏，向知识教育与价值观教育融合统一的目标迈出坚实的步伐。育人元素的有机融入不仅成为课程之间交流的桥梁和纽带，还成为学科实现创新发展的强大动力。这使得课程建设不再只关注知识的传递，而立足于更高尚的、更科学的价值观平台，深刻理解"为党育人"和"为国育才"的意义，推动了更科学的建设视角和思路的形成。它将教育与社会、国家、党的发展目标有机结合，成为深刻洞察与前瞻性教育的范本。这种转变有助于让教育更好地培养具备坚定的理想信念和高尚道德情操的人才，更好地满足社会的需求，更好地促进国家和党的长远发展。

课程思政明确了课程的建设目标和价值取向，为教育设定了明确的导向，也为课程的发展提供了新的视角和广阔的展望。它突破了传统教育中"任性"的局面，明确了课程的使命和目标。在这个新模式下，知识传授不再是孤立的，它因为融入了价值元素而增添了温度。学习和技能应用的过程也因为浸润了家国情怀而多了一份社会责任感。

课程建设通过课程思政融入了更为深刻的价值内涵和时代特色，使得课程教育变得更富有内涵。这不仅令教育更好地服务了社会的需求，也让学生们更加明白教育的目标和价值，使课程体系建设拓展了更为广阔的空间。这种发展方向有助于培养更具社会责任感、家国情怀和时代精神的新一代人才，有助于将课程的教育功能推向一个新的高度，更好地适应当代社会的复杂需求。

（二）教育体系在"学科发展"方面的空间拓展

课程思政在有效发挥思政课传统优势的基础上，实现了隐性育人与显性育人的统一，实现了"课程"与"思政"的同频共振。这种合力育人的方式不仅加强了不同课程之间的互动和交流，还推动了跨学科建设的进程。这样，学科的发展空间得到了有力拓展，发展共识也得到了更高程度的凝聚，学科建设水平也得到了显著提升。

首先，课程思政有助于摆脱学科的逻辑束缚，扩大学科发展的空间。在当今中国特色社会主义社会建设中，我们面临着巨大的变局和各种社会挑战。这要求我们坚定理想信念，明确价值立场，为实现中华民族伟大复兴而努力。然而，传统教育观念导致了知识教育和价值观教育的分离。不同学科之间存在差异，界限分明，缺乏交流的动力。这限制了知识教育和价值观教育的有机融合。但是，人类的全面发展和追求意义的本性要求知识教育和价值观教育相统一。所有学科的最终目标都是以人为中心，实现人的全面发展。因此，所有学科的最终追求都是相同的。马克思曾指出，未来的科学将包括关于人的科学，就像现在的人类学科包括自然科学一样。育人问题的复杂性使得单一学科或课程无法单独完成。我们需要跨越学科的界限，集结所有学科的力量来应对这个问题。课程思政的实施实现了知识教育与价值观教育的统一，鼓励所有学科突破学科的逻辑束缚，致力于实现人的全面发展。这也有助于创新研究视角，拓宽研究领域，提升学科内涵，弘扬学科精神，促进学科交叉的内生动力，为共同回应和解决育人问题、提高育人质量创造了条件。

其次，课程思政有助于明确学科的发展目标，凝聚学科形成共识，推动学科充分发挥功能。课程建设的终极目标是发挥知识教育和价值观教育的双重功能，实现人的全面发展。这一目标也是所有学科发展的最终目标。共同的价值取向推动了学科交叉、跨学科和交叉学科研究成为实现学科创新发展的关键途径。在传统教育中，知识教育和价值观教育的分离导致了学科之间的互动不足，这源于教育目标的不一致，进而导致学科发展方向的迷失。在新时代的背景下，社会主义现代化建设位于新的历史方位，人们对提升精神文化生活质量的追求不断增强，已成为社会主要矛盾的突出表现。在这种情况下，传统的专业教育与思想政治教育分离不能满足社会发展的现实需求。因此，摒弃学科壁垒，共同明确价值立场，达成育人共识，凝聚育人合力已经成为必然之举。普朗克认为，人类认识的能力受到科学分解为不同领域的限制，而科学本身是内在的整体。各个学科之间如同连续链条上的不同环节，是不可分割的。这说明随着社会的发展和人的认识能力不断提高，加强学科之间的互动与交流，共同解决社会发展中的各种问题是学科自身从形式到内容、从概念到定位统一的内在要求。因此，课程思政为创新学科发展理念提供了条件，引领学科发展方向，实现学科发展观的价值转化，推动学科发展制度的创新。在确保学科稳步有序发展的前提下，弱化学科边界，突破学科壁垒和文化障碍，建立共同的价值观平台，达成育人共识，统一价值立场，实现共同育人的合力。

最后，课程思政促进了不同学科之间的互动与交流，提高了学科建设水平。培养全面发展的社会主义建设者和接班人已经成为学科间互动的共同话题。基于共同的育人目标和共识，学科间开展对话和交流变得更加主动和积极。各学科围绕育人问题，创新发展理念，完善建设思路，并分享建设经验，形成了学科间相互促进、互补发展的和谐局面。共同的育人目标促进了学科之间资源共享和育人元素的流动，逐渐消解了严格的学科壁垒，实现了从"单打独斗"到"通力合作"，从"互相抵牾"到"共谋发展"的良好局面。虽然各学科在研究对象、方法和路径上存在差异，但最终目标都集中在人本身，因此可谓是不同途径通向同一目标。

此外，辩证唯物主义和历史唯物主义的观点也表明，各学科的研究不可能孤立存在。采取"关起门来搞建设"和"单打独斗"的发展模式违背了学科发展的规律，远离了学科发展建设的初衷。课程思政通过统一学科的发展建设目标，旨在推动个体走向自身，从社会层面来看，培养具备"理想人格"的时代新人，共同的育人价值目标为学科建设提供了全新的思路，促进学科建设内涵式发展，提高整体学科建设水平。

总之，课程思政鼓励各个学科在价值取向上达成一致，形成明确的学科建设共识。这使得所有学科都自觉将人的全面发展、民族团结、国家长治久安等目标纳入自己的发展议程。学科共同投入研究人的问题，跨越各自学科的界限，开展对话和交流。通过学科交叉、拓宽研究视域、创新研究视角，学科建设发展的空间逐渐扩大，学科的功能得以充分发挥。这有助于人类综合发展、增进民族团结以及维护国家的长期稳定。

第三章　新时代高校课程思政建设的策略及实践路径

第一节　课程思政与思政课程的关系分析

一、课程思政与思政课程的含义

2016 年，习近平总书记在全国高校思想政治工作会议上提到了关于课程思政的经典观点，强调了课堂教学作为高校育人工作的主要渠道，特别强调了思想政治理论课的重要性。他强调这门课程要坚持在改进中加强，提升思想政治教育亲和力和针对性，满足学生成长和发展需求。习近平总书记的这一观点提供了课程思政的根本遵循，其内涵丰富，可从以下几个方面理解和把握习近平总书记关于课程思政的重要观点。

高校作为重要的社会教育机构，其主要渠道，即课堂教学，扮演着关键的角色，为思想政治教育提供了重要场所。在这一主要渠道中，思想政治理论课则具有显著的重要性，因为它是高校思想政治教育的核心课程。在这个过程中，我们可以深入理解以下几个方面的考虑：

首先，思想政治理论课作为主要的思想政治教育载体，需要不断改进和更新。这是因为社会、学生和时代都在不断变化。因此，思想政治理论课应根据学生的需求和社会的发展，以及新时代的要求，不断更新和完善教学内容和方法，以确保其对学生产生积极的影响。

其次，除了思想政治理论课，其他各门学科也具有潜在的思想政治教育资源。这些学科不仅是为传授专业知识而设置的，还可以包含一定的思想政治教育元素。因此，我们可以在其他学科中挖掘和利用这些资源，使各门学科在传授专业知识的同时，促进学生的思想政治素养的提升。

总的来说，高校应当充分利用课堂教学这一主要渠道，确保思想政治教育在学生的成长和成才过程中得到有效的渗透。这不仅包括对思想政治理论课的不断改进，还包括在其他各门学科中寻找和利用思想政治教育资源。通过这些努力，高校可以更好地实现其育人使命，培养更多有思想政治素养的公民。

所有类型的课程都应积极参与思想政治教育，确保育人工作能够渗透到整个教育体系中。在这一过程中，各类课程应当形成育人共同体，一同合作，共同致力于学生的思想政治教育，以实现协同效应。

协同育人的重要性在于，不同类型的课程都能够对学生的思想政治素养产生积极影响。思想政治理论课可能更加专注于政治理论和思想的传授，而其他学科则能够将这些理论与实际知识相结合。通过在各类课程中共同讨论和探究思想政治话题，学生能够更好地理解政治理论的实际应用，加深对价值观念和社会责任的理解。协同育人不仅在于传授知识，还包括培养学生的批判性思维、判断力和价值观。各类课程的师资队伍也应积极参与这一过程，以发挥他们在各自领域的专业知识和教育经验。

最终，协同育人的目标是形成协同效应，以加强学生的思想政治素养，提高他们的综合素质，使他们成为有思想、有担当、有社会责任感的公民。通过各类课程的共同努力，高校可以更好地履行育人使命，培养未来社会的栋梁之材。

习近平总书记的论述突出了高校育人工作的全面性和综合性，旨在确保学生获得全面的思想政治教育，以满足他们成长和发展的多方面需求。这一重要论述不仅明确了高校课程思政育人的基本方向，还提出了需要深入研究和解决的关键问题。首先，习近平总书记提到思想政治理论课如何在改进中加强。这一问题关注如何不断提高思想政治理论课的教育质量，以满足学生的成长发展需求。其次，他强调了其他各门课程如何守好一段渠、种好责任田，以有效进行思想政治教育。这一问题涉及各类课程如何在知识传授的同时，注重挖掘内含的思想政治教育资源，以共同推进学生的思想政治素养。重要的是，习近平总书记还强调了其他各门课程如何与思想政治理论课同向同行，形成协同效应。这表明各类课程需要一起合作，共同致力于学生的思想政治教育，以实现协同效应。最后，习近平总书记提及协同效应的内涵、内容以及如何形成的问题。这是高校课程思政与思政课程建设协同育人的核心问题，但目前却鲜有深入研究，使得理论研究和实践探索难以进一步开展。

因此，本书的关注点将聚焦于各类课程与思政课程协同育人形成的协同效应的内涵和内容，以及分析协同效应对课程思政建设理论和实践的重要价值和意义。这将有助于填补现有研究和实践中的空白，深入探讨高校育人工作的进一步发展和改进。

二、协同效应的内涵和内容

课程思政与思政课程建设的协同效应，简而言之，是指在课程思政与思政课程协同育人的整体系统中，各组成要素或子系统之间相互联系、相互作用、相互协同所带来的综合效果。这种整体效果只在各类课程和思政课程协同育人的综合结构中出现，而独立的课程活动无法实现这种协同效应，这种效应相当于各部分之和大于整体。为简便起见，我们以下将这种效应称为"课程协同效应"。

（一）课程协同效应的内涵

（1）高校课程思政和思政课程协同育人的基本出发点

高校课程思政和思政课程协同育人的核心理念源自两个重要方面，首先是党和国家对人才培养的要求，其次是大学生的成长与发展需求。

习近平总书记明确指出，各国都根据自身政治需求来培养人才，世界一流大学也是在服务国家发展中崭露头角。高校课程思政和思政课程以党和国家对大学生成长的期望为使命，通过思想政治教育塑造学生的思想道德观，使其胸怀社会主义的思想品质，成为建设中国特色社会主义的有用之才。

此外，习近平总书记还强调，高校思想政治教育必须满足学生成长和发展的需求，因为大学生的这一生命阶段至关重要。他们在校园中度过数年，这是他们的知识体系搭建、价值观塑造和情感心理成熟的关键时期。就像小麦的灌浆期一样，阳光和水分的供给在这一时期非常关键。为了确保大学生获得全面发展和成长为有能力的个体，高校教育必须提供正确的引导。因此，服务大学生的成长成才，使他们获得全面发展，不仅是高校教育的应有使命，也是课程思政与思政课程协同育人的核心出发点。

（2）课程思政与思政课程协同育人整体性的作用和效果

高校课程思政与思政课程协同育人所追求的整体性作用和效果，体现了社会需求与大学生成长成才需求的统一。这意味着要让大学生自觉将个人需求与党和国家的期望相融合，主动将个人的成长目标与国家培养社会主义接班人的目标相协调。这便是课程协同效应的核心内涵：将党和国家对大学生的期望变为学生的自愿追求，与学生个体需求相契合，以引导学生的思想和行为，使国家培养社会主义接班人的目标与学生成长成才的目标相一致。这使得大学生在成为全面发展的有用人才、适应社会主义事业要求的过程中，兼具道德与才能，同时实现个人成长成才的愿景。

（二）课程协同效应的内容

课程协同效应意味着让大学生将党和国家的期望与他们个人的愿景相融合，自觉成为社会主义接班人和建设者。这一效应在大学生成长成才的各个方面具体显现，形成了全面的整体效果。这些核心效应，融入高校的课程思政和思政课程协同育人，有助于在大学生的成长和发展中实现全面的教育目标。以下是对这些效应的更详细探讨。

政治效应：通过激发政治参与，帮助大学生树立坚定的政治信仰，促使他们积极响应党的号召，不仅成为社会主义事业的拥护者，还能在政治生活中贡献自己的智慧和力量。这意味着大学生成为社会变革的积极参与者，有助于党和国家的长期发展。

思想效应：培养大学生的马克思主义信仰，使他们更好地理解和应用这一理论，形成坚定的中国特色社会主义观念。这将引导他们在解决实际问题上采取正确的思维方式，具备独立思考的能力，同时有助于树立自信的理论观。

价值效应：通过将社会主义核心价值观内化为自身的价值体系，大学生不仅会更加明确道德行为准则，还会以积极的方式融入社会。这种价值观内化有助于塑造他们的品格，推动他们在社会中以正直和道德为本的方式行事。

道德法治效应：培养大学生的道德情操，强化他们的法治观念。同时，具备法治意识和解决现实问题的能力，使他们能够更好地适应并贡献于社会。

文化效应：通过传授中华传统文化的精华，大学生能更好地理解这些文化的思想内涵，以及其在现代社会的价值。这有助于培养他们的文化自信，并弘扬民族精神，包括爱国主义和改革创新。

成才效应：高校要确保大学生在获得丰富的知识的同时，也获得实际技能和能力。这将使他们成为德才兼备、全面发展的社会主义建设人才，具备应对未来职业挑战的能力。

这些效应的具体内容会因学校、专业和课程而异，但它们共同构成了高校课程思政和思政课程协同育人的核心，确保大学生成为全面发展的社会主义建设者。

三、课程协同效应范畴

课程协同效应代表着各类课程与思政课程之间的一致目标，它是高校课程思政和思政课程协同育人的核心，也是它们建设的出发点和最终目标。深入研究和了解课程协同效应，对于推进高校课程思政和思政课程建设具有极为重要的意义。

（一）有助于高校课程协同效应目标及目标体系的确立

高校教育中，课程是传达思想政治元素的重要渠道，而课程的总目标是确保课程的实施和教学能够取得预期的效果。高校的核心使命是培养合格的社会主义接班人和建设者。虽然一些学者认为这也可以作为各类课程与思政课程协同育人的总目标，但这种看法可能过于抽象。由于课程和课堂教学在高校育人过程中具有特殊作用，因此需要明确定义具体、直接反映这些特殊功能和效果的育人目标。

有学者提出以知识传授、能力培养和价值引领作为高校课程思政建设的总目标。这个三维目标对于专业课程是有道理的，因为它强调专业课程不仅应传授知识和培养能力，还应注重价值引导。然而，对于各类课程与思政课程协同育人而言，这个三维目标可能存在不足之处。首先，它未能充分体现思想政治教育的首要地位和思政课程的主导作用。其次，它未能全面反映各类课程与思政课程协同育人的整体性作用和效果。最后，这个三维目标可能仍然较为抽象，不易在实践中具体操作。

总目标是确保高校的课程思政和思政课程协同育人达到最佳效果。这一总目标包括多个方面内容，如政治效应、思想效应、价值效应、道德法治效应、文化效应和成才效应。每所高校需要根据党和国家的要求以及学生的成长需求，根据人才培养目标，明确定义本校的课程协同效应目标。这将有助于突出思想政治教育的关键地位，同时也考虑了不同课程的特殊功能，为课程思政和思政课程的建设提供了明确的原则。

此外，这些总目标和内容应该进一步分解应用到各个层次的课程建设和教学中，包括学科协同效应目标、专业课程协同效应目标，以及各门具体课程的协同效应目标。在分解这些目标时，需要充分考虑不同专业和课程之间的特点和差异，以确保目标和内容与各门课程的特色和优势相契合。这种方法有助于构建一个完整的课程协同效应目标体系，从总体目标到各门具体课程的目标都能得到明确阐述。

确立课程协同效应的总目标和体系为形成协同育人课程体系提供了坚实基础。

（二）有助于各类课程和思政课程协同育人的课程体系和内容体系的形成

确立课程协同效应的总目标和体系不仅提供了一致的标准，还引领了一场全面的课程思政和思政课程协同育人的革新。这一革新体现在两个关键方面：

首先，根据不同课程的特点，实现各自的潜能发挥。思政课程的使命在于通过系统性、理论性、全面性的思政教育，使学生的政治思想和行为与社会需求相一致。通识课程则以微妙的方式，潜移默化地巩固学生的理想信念，培养爱国情感，强化品德修养，扩充知识储备，培养奋斗精神，以提升学生的综合素质。专业课程应更深刻地挖掘各学科专业中蕴含的思想价值和精神内涵，将课程思政元素自然融入教学，从而培养出既精通专业知识又怀揣相关专业和行业的使命感、责任感、职业道德的学生，使学生构建出专业精神、科学精神、奉献精神、创新精神。

其次，这些课程必须实现相互联系、相互对接、相互融合。思政课程应根据不同专业和学生的需求，精细调整教学内容和方式，以确保与学生的个体成长密切相关。思政教育应与各类课程互相交融，将马克思主义理论和思想政治理论巧妙地融入各类课程中，将分散的思政育人资源元素整合，创造出精品课程等新产品。这将建立一个跨学科的思政育人知识网络，将多领域内容统一，使课堂教学呈现高度的知识整合性和价值综合性。每学年、每学期，各门课程应在教学目标、内容和方式上相互协调，为共同构建课程育人共同体铺平道路。这种革新不仅提升了教育质量，还培养了学生更广泛的能力和价值观，促进了终身学习和社会责任感的培养。

（三）有助于课程思政和思政课程协同育人队伍一体化

高校的课程思政和思政课程协同育人需要实现师资一体化，包括思政课程教师之间的协作、专业课教师之间的协作，以及思政课程教师与专业课教师之间的合作。这种一体化教育队伍的构建涉及以下几个方面：

首先，思政课程教师之间的积极沟通和合作有助于确保课程内容的协调性和时效性。通过分享教学方法、有效教材，以及总结成功的教育实践，思政课程教师可以不断提高教学水平，进一步激发学生对思政教育的兴趣。

其次，专业课程教师之间的紧密交流能够促进专业知识与思政育人元素的融合。这种交流有助于专业课程教师更好地理解如何在课堂中融入思政育人元素，使学生不仅获得专业知识，还能培养坚定的理想信念和高尚的道德品质。

最为重要的是，思政课程教师和专业课程教师之间的紧密合作能够构建出协同育人的模式。这需要有组织、有计划的师资合作，以确保思政教育与专业教育相互贯通。学院的教学管理部门应提供支持，为教师的合作提供适当的平台，例如定期的合作培训、交流活动和专业研讨会。

这种协同与交流可以通过多种方式实现，包括跨学科培训、集体备课、相互听课评课，以及举办教学竞赛等。通过这些举措，思政课程教师和专业课程教师之间可以更紧密地合作，相互提高教学水平，共同追求更高的教育质量和效果。此外，鼓励不同学院的教师进行合作性研究，以提高教师的认知水平和育人能力，进一步增强思政教育的深度和广度。这一协同与交流的方式有助于打造更具活力和效益的思政教育体系，为学生提供更全面的成长机会。

（四）有助于构建教师与学生互动机制

在构建协同育人的教育体系中，厘清教与学之间的关系至关重要。课程思政和思政课程的教学需要与学生的认知发展结构相契合，也要符合学生的身心特点和认知发展规律。教师在思政育人过程中应以解决学生思想问题为出发点，引导学生通过理论和实践相结合的方式分析社会热点问题和思想困惑。

最佳的教学应该建立教师与学生之间的亲密联系。在具体的学习环境中，互动不会自发发生，而需要有计划的教学设计。教师应制订教学互动计划，包括互动的目的、主题、问题、时机、方式以及结果评估等内容。这些计划应根据学生的需求、特点和关注点来制订，以鼓励学生积极主动地参与，共同思考和分析问题，从而提高他们的自主学习和参与能力。

应充分利用网络教学平台，采用"互联网+"模式，积极进行线上、线下混合式教学改革，打破传统的课堂时间限制。通过线上线下互动讨论、重难点讲解、分配作业和进行过程性评估，加强师生之间的深度互动。这种经常性的互动可以使教师更好地了解学生，有针对性地进行思政教育，同时也激励学生更积极主动地学习，提升自身的思想道德水平。教师的积极安排互动将激发学生的积极参与，形成良性互动循环，使教育不断深化，也将在多个领域促使学生发生积极的变化，包括身心、思想、道德等。

（五）有助于构建学生的自组织活动机制

学生的自组织活动机制有助于快速整合和分享教学信息内容，同时也促使学生将问题和需求以有序的方式进行分类。通过学生个体和群体之间的互动，他们可以共同加工信息，解决问题，形成协同合作。这种机制有助于学生加深对思想政治教育内容的理解和认同。当学生在与他人合作时，他们更容易理解并接受党和国家的要求，自觉地改进自己的思想和道德，将个人需求与中国特色社会主义建设相融合，增强了使命感和责任感，积极参与到社会主义建设中，成为可靠的接班人和合格的社会主义建设者。这种互动和合作的过程有助于塑造学生的思想和品德，促进他们积极融入国家事业中。

（六）有助于推进课程思政和思政课程协同育人机制健全完善

课程思政和思政课程协同育人机制是建立在课程协同效应的基础上的，其中包括多个方面的机制，如领导管理机制、工作运行机制、激励机制、监督机制和评价机制等。这些机制的建立旨在实现课程协同效应目标，为高校的课程思政建设提供支持和保障。然而，目前存在的问题是，由于缺乏明确定义的课程协同效应目标，高校的体制机制在这一领域显得不够明晰和完善。

因此，我们需要更深入地理解习近平总书记对各类课程和思政课程相协同、形成协同效应的重要指导。这包括深入研究协同效应的概念以及如何实现协同效应的机制。只有当我们了解了课程协同效应及其形成机制，才能采取有效的措施来增强这一效应，从而推动高校的课程思政建设在理论研究和实践探索方面取得更大的进展，完善体制机制，开创高校立德树人工作的新局面。

第二节 新时代高校课程思政建设的内容及实践路径

一、新时代高校课程思政的生成逻辑

"课程思政"，简而言之，是指高校所有课程都应承担思想政治教育的职责。这一理念不仅代表了一种思想政治教育的理念，还是实践中探索多维度、多层次育人方式的具体方法。它源自新时代高校思想政治工作的实际需要，服务于高校培养德智体美劳全面发展的学生的根本任务。

习近平总书记明确指出，高校思想政治工作必须不断创新，根据具体情况进行灵活调整，遵循思想政治工作规律、教育规律、学生成长规律，提高工作水平。要充分利用主渠道，即课堂教学，不仅改进思想政治理论课，还提升思想政治教育的亲和力和针对性，以满足学生成长发展的需求。此外，各类课程都应承担起相应的育人责任，与思想政治理论课同向同行，形成协同效应。这个"同向同行"的理念实际上就是课程思政的核心观点，它是推进新时代高校课程思政建设的首要前提。

（一）理论逻辑层面

课程思政的理论逻辑可总结为知识传授与价值引领的统一。知识不仅是客观的，还承载着价值观念。马克思曾强调知识是人类思维的行动，由人类基于实践和生产活动创造，因此具有内在的价值导向。教育和课程传递知识时，也不是无目的的。教育者和学生在学习中都有明确的目标和价值取向。因此，每门课程都将知识传递和价值引领结合在一起。在课程思政体系中，不论是公共课还是专业课，无论是理论授课还是实践引导，每门课程都在传授知识的同时进行着价值引导，将知识和价值有机统一，塑造出一种内在的"价值引导"。

（二）实践逻辑层面

从实践逻辑层面来看，贯彻党的教育方针和实现高校立德树人的根本任务都建立在课程思政的实践基础上。"培养什么人"是教育的核心问题，尤其在中国共产党领导的社会主义国家，我们的教育必须以培养社会主义建设者和接班人为根本任务。这是为了确保培养一代又一代拥护中国共产党领导、我国社会主义制度，致力于中国特色社会主义事业的有用人才。课程思政将"以德为上"的理念融入各个教育环节，包括思想道德教育、文化知识教育、社会实践教育，以发挥每门课程的思想政治教育作用。课程思政的出发点是为了服务人才培养和立德树人的中心任务，以培养德、智、体、美、劳全面发展的社会主义建设者和接班人为目标，在教育过程中引导学生内化核心价值观念。

（三）问题逻辑层面

从问题逻辑层面来看，培养时代新人是中国共产党的当务之急，这一使命需要各类课程的协同作战，而不仅依赖于思想政治理论课。习近平总书记明确提出了对时代新人的期望，强调了他们需要具备多方面的素质，包括崇高的价值理想、广博的知识储备、卓越的能力素质以及坚韧的责任担当。这意味着教育不再是传统的知识灌输，而是需要将三个关键方面紧密融合：塑造学生的价值观，传授知识，培养实际应用能力。这要求我们构建一个多维立体的育人体系，思政课程只是其中的一环。因此，课程思政的发展是刻不容缓的，它可以帮助我们构建更全面的育人体系，确保各类课程与思政课程相互协同，以实现更有效的教育效果。

这一新育人范式突显了综合素质教育的迫切需求，要求不同学科领域的教育都能为学生的全面发展贡献力量。这也反映了教育的现代化趋势，不再是仅仅侧重于知识传授，而是将个体的全面发展置于核心位置。在这一背景下，高校需要积极调整教育模式，让不同领域的课程相互衔接，形成协同效应，以帮助学生更好地适应未来社会的复杂需求和挑战。这将有助于塑造更多具备创新力、责任感和社会意识的时代新人，为国家的发展和振兴贡献力量。

二、新时代高校课程思政建设的重要意义

推进高校课程思政建设，符合社会主义办学方向和时代发展要求，具有关键的现实意义。以下是一些重要观点和扩展：

坚持社会主义大学办学方向：习近平总书记强调，中国的高校是党领导下的高校，必须坚持社会主义大学办学方向。这意味着高校要把马克思主义作为最鲜亮的底色，始终为中国特色社会主义的发展服务。只有在正确的政治方向下，全面贯彻新时代党的教育方针，落实立德树人根本任务，将自身的发展与国家的发展目标和方向紧密结合起来，高校才能够不断培养服务人民、为中国共产党治国理政服务、巩固和发展中国特色社会主义制度、为改革开放和社会主义现代化建设服务的人才。

课程思政是高校思想政治工作的重要组成部分：课程思政是高校思想政治工作的核心，它最能够体现大学办学的社会主义特色。推进课程思政建设是高校坚持正确办学方向的关键体现。这一战略举措对培养下一代的接班人、对国家的长治久安、对民族复兴和国家崛起都具有深远的影响。具体来说，课程思政建设有助于促进马克思主义科学理论在高校的传播和发展，引领学校发展方向；突出思想政治教育的本质，为培养合格的社会主义建设者和接班人提供优良的思想环境；还融合了价值观的引导、知识传授和能力培养，有助于帮助学生树立正确的世界观、人生观和价值观，符合人才培养的重要使命。

在当今社会，高校不仅需要传授知识，还需要为学生提供全方位的发展机会。课程思政建设有助于确保高校教育不仅是传授专业知识，还包括了价值观念的培养和道德伦理的引导。这将有助于培养更多具备社会责任感、创新力和领导潜质的时代新人，为中国特色社会主义事业的未来做出积极贡献。这种全面的育人体系将为学生提供更广泛的教育机会，使他们更好地应对现实社会的挑战，为国家和社会的发展贡献更多智慧和力量。

（一）充实高校思想政治工作体系，构建全员全程全方位育人大格局

高校课程思政建设旨在实现立德树人的根本任务，通过充分挖掘公共基础课、专业课和实践类课程中的思想政治资源，使每门课程都发挥育人作用，从而全面提高人才培养质量，以满足新时代培养德智体美劳全面发展的社会主义建设者和接班人的需求。然而，在传统的高校思想政治教育体系中，思想政治理论课、主题团课以及入党

积极分子培训课等一直承担着主要的思想政治教育任务，这些课程并没有形成持久的协同育人合力。

推进高校课程思政建设可以有效解决其他课程在立德树人、铸魂育人过程中"出力不多"的问题，有助于充实高校思想政治工作体系，构建一个全员全程全方位育人的大格局。这个格局的核心理念包括：

全员育人：这意味着让所有高校成员，包括师生员工，都参与立德树人工作，发挥每个人在人才培养中的潜力和作用。不再仅仅是思政课的教师承担育人责任，而是全校范围内的协同努力。

全程育人：思想政治工作贯穿教育教学和学生成长的整个过程。不再将思想政治教育仅限于特定时段或特定课程，而是贯穿学生在高校的整个学习生涯。

全方位育人：思想政治工作覆盖立德树人的各个方面，渗透教育教学和学生生活的各个环节。这包括学科教育、文化活动、社会参与等方面。

推进课程思政建设有助于构建这一全员全程全方位的育人格局。每门课程都蕴含丰富的思想政治教育资源，而"课程思政"将各类课程纳入多维立体的育人框架中，使它们都能有效发挥育人作用。这意味着所有高校、所有教师、所有课程都需要承担育人责任，以确保不同类别的课程与思政课程同向同行，形成共同的育人合力，为高校培养更全面发展的社会主义建设者和接班人做出贡献。这一整体性的育人理念有助于提高教育质量，培养更具创新力和社会责任感的时代新人。

（二）解决专业教育和思政教育"两张皮"问题，全面提高人才培养质量

长期以来，高校中存在着专业教育与思想政治教育的分离现象，这导致思政教育一直孤军作战，独自承担立德树人的重要使命。专业教育通常仅注重专业知识传授，忽视学生的思想政治教育问题，而有些专业课教师则在滥用学术自由的名义下，滥谈政治问题，甚至背离中央政策，宣扬西方所谓的"普世价值"，削弱社会主义核心价值观。这种分离不仅使专业教育与思政教育脱轨，还可能破坏思政教育的正面影响，对新时代高校人才培养产生不利影响。

高校课程思政建设的出现明确了专业教育在思政教育中的任务，它要求所有课程、所有教师、所有课堂都承担立德树人的责任，为专业课程设立"育人命题"，以帮助专业教师理解学术自由的界限，有助于促使教师在课堂上同时关注教学和育人。高校课程思政建设以国家和区域发展需求为导向，结合学校定位和人才培养目标，构建了全面覆盖、类型多样、层次递进、相互支持的课程思政体系。这个体系深入挖掘了各类课程和教学方式中蕴含的思想政治教育资源，使学生通过学习不仅能够掌握专业知识，还能了解事物发展规律，通晓世界道理，丰富知识，拓宽视野，树立正确的品格和价值观。

教育部《关于深化新时代学校思想政治理论课改革创新的若干意见》强调了整体推进高校课程思政建设，深度挖掘各学科专业课中的思想政治教育资源。这为高校提供了全面的指导。同时，《高等学校课程思政建设指导纲要》首次明确了高校课程思政建设的重点。这些文件从总体上对高校课程思政建设提供了指导，鼓励高校全面推进所有学科课程的思政建设，明确了不同学科的目标任务。

综上所述，高校课程思政建设有助于弥合专业教育与思想政治教育之间的分歧，为培养全面发展的社会主义建设者和接班人提供了更全面的教育环境。这一举措有助于确保高校的教育不仅是专业知识的传授，还包括思想政治教育的全面培养，以满足新时代社会的需求。这将为学生提供更多元的教育机会，培养具有高度社会责任感和国际视野的时代新人，为中国特色社会主义的未来发展贡献更多的智慧和力量。

（三）推进习近平新时代中国特色社会主义思想进教材进课堂进头脑，夯实青年大学生的政治认同

习近平新时代中国特色社会主义思想，是当代中国马克思主义的最新发展，被誉为21世纪马克思主义的杰出代表。这一思想具有特殊的历史背景，是新时代中国特色社会主义伟大实践的产物，代表了中国特色社会主义共同理想和共产主义远大理想。它不仅是一种理论框架，更是国家政治生活和社会生活的根本指南，为中国的前进方向提供了明确的路径。

在高校，坚持用习近平新时代中国特色社会主义思想铸魂育人，不仅是高校课程思政建设的重要内容，还是一项重大的政治任务。这有助于培养青年大学生的政治认同，让他们更好地了解国家、党的历史、现状和发展方向，增强对党和国家的情感认同、思想认同，最终转化为坚定的政治认同。这种认同是培养学生的政治意识和国家认同感的关键。

推进习近平新时代中国特色社会主义思想融入教材、课堂和学生头脑，思政课是主要渠道，但不仅限于思政课。其他专业课程，如马克思主义理论、政治学等，也应该注意将党的创新理论有机融入其中，帮助学生理解并应用这些理论。这将夯实青年大学生的政治认同，激发他们的国家责任感，为国家的长治久安和中华民族的伟大复兴提供坚实的基础。这不仅有益于学生个人的全面成长，也有益于社会的进步和国家的繁荣。

（四）培育和践行社会主义核心价值观，涵蕴青年大学生的家国情怀

社会主义核心价值观是当代中国精神文化的集中体现，反映了全体人民的共同价值追求。在新时代高校课程思政建设中，培育和践行社会主义核心价值观是至关重要的，因为它承载着重要的现实意义。培养学生的家国情怀在这一过程中显得尤为重要，因为它可以凝聚人心，汇聚民力，引导青年大学生将国家、社会、个体的价值要求有

机结合，提高他们的爱国精神、敬业精神、诚信品质、友善品质，使他们自觉地将"小我"融入"大我"，不断追求国家的富强、民主、文明、和谐，社会的自由、平等、公正、法治，将社会主义核心价值观内化为精神信仰，外化为自觉行动。

高校在培育和践行社会主义核心价值观、进行家国情怀教育时，应将这一内容融入公共基础课或通识教育课程中。此外，还应重视在文学、历史学等专业课程中结合专业知识教育，引导学生深入理解社会主义核心价值观，强化他们的使命担当意识，让他们理解个体的成长与国家的繁荣强大之间的相互促进和共同努力，以激发青年大学生的家国情怀。

这一过程不仅有助于学生个人价值观的提升，也对国家的长治久安和中华民族的伟大复兴产生积极的影响。学生将会更加深刻地理解社会主义核心价值观的内涵，自觉地将其贯彻于行动，为国家的繁荣与发展贡献自己的力量。这不仅有助于提升学生的综合素养，也有助于社会的进步和国家的繁荣。

（五）加强中华优秀传统文化教育，提高青年大学生的文化素养

中华优秀传统文化是中国几千年来的珍贵遗产，不仅反映了深厚的历史底蕴，还承载了伟大的中华民族精神，其中以爱国主义为核心。这一传统文化资源在高校课程思政建设中具有极大的潜力，因为它能够涵养精神、滋润人心，这对于培养学生的思想政治素养至关重要。

在推进高校课程思政建设时，应充分利用文学、历史学、哲学、艺术学等专业课程，弘扬中华优秀传统文化，同时结合革命文化和社会主义先进文化。通过引导青年大学生深刻理解中华优秀传统文化的独特魅力，让他们领悟其中包含的重要思想精华和时代价值，如讲仁爱、重民本、守诚信、崇正义、尚和合、求大同，从而使他们成为中华文脉的传承者，中国精神的弘扬者和建设者。

这种教育方法一方面可以帮助学生提高自身的文化素养，为其未来的人生打下坚实的文化基础，同时也有助于塑造学生的文化自信。另一方面，通过了解中华优秀传统文化，学生将更清晰地认识历史虚无主义的本质，充分拥有中国情感，成为有着中国心、中国情、中国味、中国气的优秀中国人。这有助于形成更加坚定的文化认同，推动中华文化的传承与发展。

（六）深入开展宪法法治教育，增强青年大学生的法治意识

法治是现代国家治理的有效方式，宪法和法律则是保障人民权益的有力武器。习近平总书记强调，我们要弘扬宪法精神，树立宪法权威，使全体人民都成为社会主义法治的忠实崇尚者、自觉遵守者、坚决捍卫者。在培养新时代的青年大学生中，宪法和法治教育应该是思想政治教育的重要组成部分。

高校课程思政建设需要重视运用思想政治理论课和法学类专业课程来深入学习和

贯彻习近平法治思想，同时进行宪法和法治教育。这包括宣传宪法精神，介绍与大学生生活密切相关的新颁布的法律，如《中华人民共和国民法典》，以及其他重要法律的内容。通过这种教育，我们可以引导青年大学生坚定走中国特色社会主义法治道路的理想和信念，加深他们对法治理念、法治原则和重要法律概念的认识。最终，我们的目标是使他们在接受教育的过程中牢固树立法治观念和法治精神，自觉遵守法律，真正理解法律，善于运用法律来维护自己的权益和参与社会建设。这将有助于培养具备法治素养的青年大学生，为社会主义法治建设和国家法治进程做出积极贡献。

（七）深化职业理想和职业道德教育，提升青年大学生的道德修养

职业理想和职业道德教育是帮助青年大学生建立正确的就业观念，培养理性择业观和强烈的人生责任观的关键教育内容。它引导青年大学生自觉遵守职业道德规范，增强职业责任感，提高职业荣誉感，以更高的道德标准来塑造自己。高校课程思政建设中，职业理想和职业道德教育是不可或缺的一部分。

思想政治理论课和各类专业课程都应该承担起职业理想和职业道德教育的任务。通过培养职业理想和职业道德，我们不仅传承和弘扬劳模精神和工匠精神，还全面加强青年大学生的道德教育，提高他们的道德修养，培养出符合时代发展要求的公民道德。这种教育可以引导青年大学生积极承担时代使命，忠实地遵守职业道德，热爱并专注于自己的事业，用青春、奋斗和创新为实现中华民族伟大复兴的中国梦做出贡献，使个人的职业理想在这一伟大事业中得以升华。

（八）重视劳动教育和心理健康教育，锤炼青年大学生的意志品质

在新时代的背景下，劳动教育和心理健康教育应成为高校课程思政建设的重要组成部分。劳动教育有助于引导青年大学生树立勤劳、诚实劳动的观念，使他们认识到劳动的尊严、伟大和美丽，培养他们尊重和热爱劳动，鼓励他们主动参与实际劳动，磨炼自己的能力和意志，以更好地满足中国特色社会主义建设的需求。

心理健康教育有助于确保青年大学生的身心健康发展，为他们奠定强大的心理基础，促使他们在健康和幸福的环境中成长。高校可以结合青年大学生的需求和特点，开设劳动教育和心理健康教育课程，或将这些教育内容融入专业课程、实践课程和其他相关课程。这将帮助青年大学生锤炼他们的意志品质和心理素质，为承担国家复兴的伟大使命做好充分准备，为他们的未来打下坚实基础。

三、新时代高校课程思政建设的实践路径

高校课程思政建设是新时代高校思想政治工作的关键任务之一。在推进这一工作时，应遵循党的新时代教育方针和立德树人的总体目标，提出一系列策略以保证成功。首要的是挖掘思政资源，然后将其融入教学过程，同时增强教师的意识和能力，最终

构建完善的建设机制和评价体系，以确保课程思政建设的顺利进行和有效实施。这一过程涵盖了资源的获取、整合、教育过程中的实际应用、师资队伍的提升，以及可持续的机制和绩效评价的建立，这些因素都是成功的关键。

（一）明确前提：挖掘专业课程中的思想政治教育资源

《关于深化新时代学校思想政治理论课改革创新的若干意见》提出的深度挖掘高校各学科门类专业课程中的思想政治教育资源是一项关键工作。这意味着我们要意识到，每门专业课程都蕴含着丰富的思想政治教育资源。不论是公共基础课、专业课，还是实践教育课程，它们都可以成为培养学生思想道德修养、人文素质、科学精神、宪法法治意识、国家安全意识和认知能力的重要资源。专业课程中的思想政治教育资源是一种有待深刻挖掘的宝藏，这些资源可以在学生的专业成长过程中发挥关键作用。下面，让我们深入探讨这些资源以及如何充分利用它们。

医学专业的思政教育资源：医学课程不仅传授医疗技能，还深刻关联着道德和伦理。教师可以强调医学伦理，引导学生时刻将人民群众的身体健康和生命安全放在首位。通过案例分析、伦理讨论，学生可以了解医生面临的道德抉择，懂得尊重患者的人权和尊严，弘扬敬业精神。

法学专业的思政教育资源：法学课程涉及法治思想和法律体系。教师可以引导学生成为法治思想的信仰者和传播者。通过深入学习《中华人民共和国宪法》《中华人民共和国民法典》等法律文件，学生可以理解法律对社会稳定的重要性，学会尊重法律、履行法律义务，培养法治观念，为社会法治建设贡献力量。

外语专业的思政教育资源：外语专业课程使学生能够跨越国界、文化进行交流。教师可以培养学生的跨文化交流能力，同时帮助他们理解文化差异。这有助于学生成为具有国际视野的公民，弘扬文化多样性，增强文化自信。

完善培养方案：将立德树人的任务与专业教育相结合是关键。培养方案应确保学生的专业学习与思想政治教育相协调。这可能包括在课程中增加伦理、社会责任等元素，使学生能够在专业实践中将所学知识与道德原则相结合。

深度挖掘专业课程中的思想政治教育资源需要专业教师深入了解这些资源，并将其有机融入课程设计中。这样做不仅有助于学生在专业领域内发展技能，还能使他们成为更全面的公民，具备社会责任感和道德原则，为社会的繁荣和进步做出积极贡献。

（二）筑牢基础：推动课程思政融入高校教育教学全过程

"课程思政"不仅是一个概念，它应当融入高校教育教学的全过程，特别是在课堂教学中，以充分发挥其育人功能。这涉及以下关键方面。

育人理念的融入：我们必须将"课程思政"视为一种育人理念，这个理念需要渗透到高校教育教学的全过程中。它意味着重新构建高校思想政治工作的框架，特别是课堂教学体系。我们需要把"课程思政"理念融入教育教学的方方面面，让其成为教师备课和教学活动的行为准则。这样，我们可以在教育教学中明确方向和提供指导。

课堂教学全过程的融入：具体而言，我们需要将"课程思政"理念融入课堂教学的全过程，从教学目标的设计、教学大纲的制定、教材的编审和选用，到教案和课件的编写，都应贯穿着思政教育的要求。这不仅包括传统的课堂授课，还包括教学研讨、实验实训、作业和论文等各个教学环节。

教材的应用：教材在课程思政中扮演重要角色。我们需要选择优质的教材，特别是马克思主义理论研究和建设工程的教材，将其内容融入人才培养方案、教案和课件中，以确保学生全面学习党的创新理论。

创新教学模式：高校需要不断创新课堂教学模式，运用现代信息技术，激发学生的学习兴趣，引导他们深入思考。这可以包括互动式课堂、在线学习资源的运用，以及项目驱动的教学方法。

课堂教学管理的完善：健全课堂教学管理体系，提高课程思政融入课堂教学的水平是关键。这包括教学过程管理，评价体系的建立，以确保思政教育能够顺利进行。

综合方法与途径：我们应采取多种综合的方法和途径，如第一课堂和第二课堂的结合，线上和线下课堂的交替使用，社会实践、志愿服务、实习实训等多样化的活动，以不断丰富和拓展课程思政建设的手段。

通过将"课程思政"融入教育教学全过程，高校可以更好地履行立德树人的使命，培养有思想、有道德、有文化、有纪律的优秀人才，为社会的持续进步和发展做出贡献。

（三）把握关键：增强高校教师课程思政意识与建设能力

习近平总书记的指示强调了高校课程思政建设中教师的关键作用，因此，提升教师的"课程思政"意识与建设能力至关重要。

首先，我们需要重视培养高校教师的课程思政意识。只有当教师认识到课程思政建设的必要性与重要性，他们才能在教学中积极贯彻育人理念，确保课程思政建设的有效实施。高校可以通过组织系列讨论、专家讲座等方式，帮助教师认识到高校课堂是培养党和国家所需人才的主要场所，使他们明白专业知识传授和课程思政育人之间的密切联系，从而鼓励他们主动投身课程思政建设。

其次，加强高校教师的课程思政能力建设尤为重要。在全面推进课程思政建设中，教师扮演着关键角色。为提升育人能力，教师需要具备愿意、勤奋、善于实施课程思政的技能和素养。这要求教师在以马克思主义理论为指导的基础上，不断深化对习近平新时代中国特色社会主义思想的理解，并将其运用到教学中。教师需要通过不断学习和更新知识，提高自身的理论修养，坚定理想信念，积极践行育人使命，以确保课程思政的深刻理论内涵能够融汇到学生的思维和信仰中。

另外，教师还应该关注学生的日常生活，积极搜集本专业领域的先进代表人物的事迹，并通过案例教学的方式引发学生的情感共鸣。这种方法能够增强课程思政的实效性，使学生更容易理解和接受所传达的思想政治教育内容，从而使其对国家、社会和人民产生更深刻的认同和共鸣。

（四）提供保障：建立课程思政建设机制及评价体系

为了确保高校课程思政建设取得实效、行稳致远，建设相应的机制和质量评价体系至关重要。因此，高校在推进课程思政建设时，需要加强顶层设计，探索机制的建设，建立健全质量评价体系。

首先，应将人才培养效果作为高校课程思政建设评价的首要标准，建立多维度的课程思政建设成效考核评价体系和监督检查机制。还应按照有关文件和学校实际情况，探索建立专业教育与思政教育协同联动机制。这意味着可以将教师参与课程思政改革和实施的情况，作为评价教师教学质量、岗位聘用、职称晋升等方面的重要依据。这将有助于激发教师在课程思政改革方面的积极性，同时也鼓励教师更多地投入时间和精力来研究课程思政。此外，在奖励制度中应突出课程思政的要求，以建立课程思政教学激励机制。

其次，各高校需要承担起教师课程思政建设的主体责任，建立高校课程思政集体教研常态化机制。搭建课程思政教师培训平台，组织培训活动，将课程思政纳入各类教师培训。此外，应充分发挥基层教学组织的作用，如教研室、教学团队、课程组等，开展相关研究和研讨交流活动，以促进课程思政的深入研究。还应支持思政课教师与专业课教师进行合作教学教研，推动课程思政建设的联动研究，以创造出更有影响力和示范性的课程思政体系。这一系列措施将有助于培养教师的课程思政意识，并构建更为有效的机制。

第三节　课程思政从"悬浮"到"落地"的实践策略

一、价值激发策略

新时代中国高校的课程改革不仅需要关注课程的知识传递和学生能力培养，还应强调课程对学生精神品格的塑造，特别关注课程的思政教育价值。这涉及将思政教育从理论抽象层面具体应用于学生日常生活的实际策略。

首先，课程思政价值的激发需要将课程教学作为平台，挖掘其中潜在的思政资源，建立扎实的思政教育基础。这包括挖掘课程中蕴含的思政元素，以构建思政教育的坚实基础。

其次，这些思政资源应当针对不同的学生需求，激发思政教育的潜力。这可以通过将思政资源引导到满足不同学生群体的需求上，以实现思政教育的多样性。

最后，通过促进教学交流、体验式教学和反思性教学等方式，丰富思政教育的激发手段，以便构建更加全面的课程思政价值激发策略。这将有助于确保思政价值不仅停留在理论层面，也在学生的日常生活中真正发挥作用。

（一）挖掘专业课程的思政资源，构建思政价值激发基底

课程思政的价值激发是建立在课程教学中的思政资源之上的，这些资源应该内含于专业课程及其教学过程中，而不应该是外部强加的。这种内生的思政价值更容易获得教师和学生的情感认同，因为它来源于他们直接参与的教学实践。

为了有效地挖掘这些资源，我们可以从多个方面进行探索：

专业知识内容：专业知识往往包含着价值属性，因此专业课程中的知识内容是一个主要的挖掘渠道。

知识贡献者：可以从专业知识的贡献者、传播者以及应用领域的知名学者身上挖掘资源，因为他们往往拥有丰富的精神资源。

专业思想：专业思想是专业知识背后的灵魂，内含着丰富的思政资源。

学科专业思想：学科专业思想也是一个重要的资源，它为专业方法提供了逻辑基础，并包含丰富的思政资源。

专业知识的背后背景：学科的发展与演进往往涉及内涵丰富的价值力量推动，这些力量应当被充分挖掘。

教学组织过程：在教学组织与交流过程中，学生个体性的思政资源和与他人交往相关的资源都有潜力挖掘。

专业应用与社会服务：专业领域中的职业精神、社会责任、忠诚、良知等也包含了重要的思政资源，这些基于课程教学的思政资源形成了思政价值的基础，资源的丰富性和充实度越高，思政价值就越容易被有效激发。

（二）选择思政资源引导路径，积蓄思政价值的激发潜能

思政价值的创生需要积蓄潜能，而潜能的培养需要将思政资源引导到不同的发展需求上，以激发出内含的思政价值。这个引导过程可以通过多种路径实现：

导向专业发展需求：将思政资源引导至学生的专业发展需求，包括深化专业知识、拓展专业思想、提升职业精神和规划专业发展。这样可以积蓄思政价值的激发潜能。

导向全面发展需求：除了学术和智力发展，还需关注学生的全面成长，包括健康

心理、情感丰富和道德品格。培养坚定的理想信念和高尚的道德情操也是重要的，从中可以积蓄思政价值的激发潜能。

导向社会发展需求：社会发展需求包括适应性和变革性两个方面。适应性需要引导学生理解和适应党的领导、中国特色社会主义理论、政治法律制度等，从中积蓄思政价值的激发潜能。变革性需要引导学生分析社会问题的原因、构建解决策略，以及制定防止问题再次发生的策略，以激发个体对社会变革的责任感、使命感、良知和担当精神，同时积蓄思政价值的激发潜能。

（三）推进教学交往、学习体验与反思，丰富思政价值的激发手段

教师在激发思政价值方面拥有多种手段，而这些手段的多样性对课程思政的有效性至关重要。此多样性基于课程思政资源，但也深受学生的学习体验、教学交往和活动反思的影响。

首先，教学交往是激发思政价值的重要手段，具体表现在不同类型的教学交往方式中。

沟通式交往：沟通式交往有助于主体之间自由表达观点、情感，并进行角色互换和思想探讨。这有助于激发与平等、民主、自由、和谐、包容等思政价值有关的讨论。

合作式交往：合作式交往涉及协同完成目标任务，强调团队协作、制定规则、资源分配等，从中培养合作意识、规则意识、敬业精神等思政价值。

批判式交往：这类交往围绕批判主题展开，鼓励提出批判性要求、构建批判逻辑，进行合理论证。它有助于激发对中国特色社会主义道路自信、理论自信、制度自信、文化自信等思政价值。

创新式交往：创新式交往关注解决问题的新思路、新方法，培养学生的责任感和使命感，以创生出对社会发展和变革有益的价值观，如坚韧、正义、忠诚、责任、良知等。

其次，学习体验和反思是激发思政价值的重要手段。缺乏体验和反思，任何价值都难以真正被接受、认同和内化。

学习课程思政的价值是通过特定的结构产生的。这个结构包括三个部分：历构层、预构层和临构层。历构层建立在主体过去的积累之上，如生活经验、学习经历和已有的价值观念。活化和激发历构层可以引导和诱发对思政价值的体验。预构层是对思政价值目标的预期或预设，它的作用是引导历构层向预构层导向，从而产生对课程思政价值的体验。临构层是主体的自我经验和已有价值观念与环境要求之间的双向作用。临构活动的展开直接促成课程思政价值的体验。思政价值的体验是历构层、预构层和临构层相互作用的结果。历构层越丰富，预构层建立的质量越高。同时，历构层越丰富，活动级别越高，与临构层的双向作用越强烈，越有利于课程思政价值的学习体验的生成。

反思活动是主体与环境之间连续互动的关键环节。它允许通过与过去活动经验的对比，评估目标达成的方式、团队协作和活动过程，进而制定创新构想，从体验和反思中获得知识、态度和技能。这有助于更好地激发思政价值，使这些价值更容易应用于适当的情境或个人生活中。

二、价值锁定策略

要确保课程思政价值持续发挥作用，需要在时间维度上锁定这些价值。为实现这一目标，我们可以考虑从宏观规划、中期支持、微观促进以及主体参与这四个方面制定实际策略。

（一）宏观层面，国家对课程思政进行了系统规划

在国家层面，高校课程思政是受到明确定位和全面引领的。国家于2016年提出了与思想政治理论课协同的课程思政要求，并随后通过重要文件不断强调其重要性。特别是2020年，教育部颁布了《高等学校课程思政建设指导纲要》，明确将全面推进课程思政作为一项关键战略举措，强调其在立德树人和国家发展中的价值。这些举措为课程思政的发展和持续锁定提供了顶层设计和全面规划。

（二）中观层面，强化学校对课程思政建设的支持

在高校内部，学校的角色至关重要，对于课程思政的实施和价值锁定具有关键性作用。教育部于2021年发布了《关于深入推进高校课程思政建设的通知》，进一步明确了课程思政建设的内涵、不同学科的要求、教学方法和工作要求。学校可以通过以下方式强化对课程思政建设的支持，以确保思政价值的锁定和实施。

提供连续、稳定的政策支持：高等学校应当持续提供政策支持，特别是在制度建设方面，明确定义课程思政建设的目标，并规划整个课程思政过程。

配置资源支持：确保资源配置与课程思政建设需求相匹配，包括资源的种类、形式、数量以及时间。这些资源应该可靠地支持和促进思政建设。

促进教师交流和资源共享：鼓励广大教师开展经验交流、观摩研讨和资源共享，提高他们制定思政价值策略的能力，以发挥思政价值的促进作用，增强教师开展课程思政的积极性和主动性。

加强评价和激励：加强对课程思政过程、方法和效果的评价，合理使用评价结果，并提供相应的激励措施。通过学校层面的支持，促进课程思政价值的锁定和实施。

这些措施有助于确保高校在课程思政建设方面取得长期、稳定的成效。

（三）微观层面，夯实课程思政对主体发展的促进效应

思政价值的锁定需要建立在学生认同的基础上，并通过产生促进效应来增强学生

对其的真切感受。这涉及多个主体和多个方面。

促进专业发展锁定：思政价值内嵌于课程教学中，通过激发思政价值，可以深化对知识的理解、加深知识背后的价值认知，从而促进学生专业能力和水平的发展，使思政价值融入专业发展过程中。

促进学生个体发展锁定：课程思政应该赋予学生价值感、获得感和快乐感，促进学生身心健康和人格提升，增强其责任担当，提高政治、思想和道德境界，以促进学生的全面发展，从而锁定思政价值。

促进课程发展锁定：通过拓宽课程专业知识内容的选择，丰富课程的价值取向，可以同时促进学生的专业发展和个体发展，丰富课程的价值，提供新的教师职业发展体验，增加师生对课程建设和发展的认知，以锁定思政价值。

促进社会变革与创新锁定：通过思政课程，促进学生理解社会问题的根本原因，提供解决问题的新思路和方法，激发个体变革社会的责任感、使命感、良知和担当精神，以锁定思政价值。

这些策略有助于确保思政价值在课程中得以锁定，并对学生产生深远的影响。

课程思政可以通过将专业知识中蕴含的思政资源与社会问题的解决相结合，向学生传递社会意识，帮助他们更好地理解社会，主动适应、服务和改变社会。这有助于提升个体的社会价值观，进而锁定思政价值。

（四）参与层面，构建网络平台和组织渠道

在当前互联网高度发达的背景下，教育者和学生倾向于通过在线平台来学习和交流。建设高质量的课程思政网络平台可以促进资源共享、价值传递和学习体验提升。此外，鼓励自组织建设，如教师自发组成教研室或工作坊，能够增强个体的参与和信息传递，提升思政教育的质量。通过互联网平台和自组织建设，可以更好地激发个体的参与意愿，打破时空限制，促进主体之间的交流和思政价值的多维强化，从而实现持久的思政价值锁定。

三、价值延扩策略

在今天的高度数字化社会中，教育者和学生更愿意利用在线平台进行学习和互动。创建高质量的思政网络平台有助于资源共享、传播核心价值观念以及提升学习体验。此外，鼓励自组织，例如教师主动组建教研组或工作坊，可以增强个体的积极参与和信息传递，提高思政教育的质量。通过互联网平台和自组织行动，我们可以更好地激发人们的参与意愿，克服时空限制，促进不同主体之间的互动，加强思政核心价值观的传播，从而实现长期的思政核心价值观的强化。

（一）通过整体性布局来构建价值延扩的保障

在实际操作中，我们不仅要避免让课程思政建设变成短暂的风潮，也要避免仅仅停留在表面，需要通过制度性的方法来扩展和巩固课程思政的核心价值观。这包括管理者在制度层面上制定政策，涉及资源支持、组织协调、师资培训、示范引领以及绩效评价和奖励等多个方面，以确保课程思政的核心价值观能够得到长期的支持和发展。这种制度性布局有助于保障思政核心价值观的稳固传承。

（二）通过体系化形式来构建价值延扩的维度

为了实现思政价值的持久影响，我们可以考虑建立一个三维度体系，涵盖内容、空间和时间。

内容维度：我们应该不断深化思政价值的内涵，让其更加深刻，同时也要拓宽其范围，实现渐进的深度和广度扩展。

空间维度：我们需要扩大思政价值影响的对象范围，如从一个班级扩展到更多学生，从学生扩展到他们的家长、同学、未来的同事等，从一个课程扩展到多个课程，从一个教师扩展到更多教师。同时，也要扩展思政价值发挥作用的空间范围，包括从课堂扩展到其他教育环境，如实习基地、社区等。

时间维度：我们需要将思政价值的影响延伸到学生未来的工作生涯，从他们的青年时期延伸到终身学习的整个过程，以确保思政价值持久地发挥引领作用。这个三维度体系可以帮助确保思政价值的延扩性和持久性。

（三）通过内生性驱动来构建思政价值延扩动力

思政价值的延扩动力来自内部因素和外部因素。内部因素包括课程内部和学生个体的内在动力，其中课程内部动力是支持延扩的关键，因为它关乎思政价值的成长和发展。这种内部动力源于课程思政对学科学习和个人成长的积极影响，如提升学生的专业素养、社会适应能力和变革能力。这一影响有助于增强教师和学生对思政价值的认同感、满足感和成就感，从而激发内生动力，推动思政价值的延扩。虽然外部因素也有促进作用，但内生动力是根本性的力量。

（四）通过渐进式发展来构建价值延扩的进程

思政价值的延扩是一个逐步的过程。认知思政价值和实现其效益都需要经历逐渐深入、从基本到高级的发展过程。因为不同课程、教师和学生具有不同的起点和发展速度，课程思政的形成也因人而异，所以思政价值的延扩必须适应这种逐渐发展的过程和个体差异。这是一个动态的发展过程，因此无论是激发内部动力还是调动外部推动力，都需要逐渐进行，需要耐心和坚持。

第四节 课程思政成效评价体系的构建路径

一、课程思政建设实施现状

（一）对课程思政与思政课程的辩证关系理解不透彻

课程思政和思政课程虽然有本质联系，但也存在一些关键区别。

首先，从专业课教师的角度来看，一部分教师可能将思政教育视为与其教授的专业知识相分离的事物。这种观点可能导致他们将传授专业知识视为首要任务，而忽略了培养学生综合素养和价值观念的根本使命。这种态度可能使思政教育变得过于重视"授业"而轻视"传道"。

其次，从学生的角度来看，一些学生可能在专业选择和职业规划时更注重眼前的经济利益，而较少考虑国家和社会的需要。这可能与社会和家庭价值观有关。部分学生可能将思政课程视为一门只要不挂科就好的学科，而未真正理解思政课程对他们的潜在教育作用。这表明学生在思政课程和课程思政方面需要更全面的教育和引导。

教师和学生在第一课堂育人中扮演关键角色，他们的态度和参与程度直接影响课程思政的实施和效果。只有深刻理解课程思政与思政课程之间的细微差异，我们才能有效厘清专业教育与思政教育之间的关系，明确我们要培养何种人才、如何培养以及为谁培养的根本问题。

（二）课程思政建设过程注重成果轻视成效

有些学校在课程思政建设中侧重产出可量化成果，强调在规定时间内完成特定数量的任务，通常追溯到二级学院和教师身上，这确实创造了一些可供分享的成功案例。然而，在实施阶段，常常忽略了思政育人的实际效果和如何进行评价。仅仅依靠某一节课中包含多少思政元素或者创建多少示范专业来评价课程思政建设的成功是不足够的。实际上，在这一过程中，课程只是一种媒介，教师则是引导者，而学生则扮演关键角色。如果只重视结果，而不注重实施过程和思政效果，将无法激发教师的主动行动，无法有效引导学生，最终无法在学生身上真正体现思政育人的作用，这将直接影响到全面构建"大思政"格局的进展。

（三）课程思政建设成效的评价体系不够完善

课程思政是综合了思想政治教育和专业知识传授的综合性教育。然而，学生的思想政治素养受到多方面的影响，包括学校、家庭和社会等多个环境因素，这使得仅依赖传统的课程评价体系难以充分反映其效果。思政教育是一个涉及思想观念的过程，难以在短时间内完全评估学生的掌握程度。因此，我们需要采用动态、连续的形式来评价思政教育，关注是否引导学生朝着正确的方向发展，以及他们的价值观是否与预期相符。然而，目前大多数高校强调课程思政的理念和建设，但缺乏科学的评价标准和反馈机制，因此，无法确切追踪、评估和提供有关建设成果的信息反馈。

二、课程思政建设成效评价体系的必要性

评价是一种过程，它涉及人们使用特定标准来评估特定事物、行为、认知和态度，以便更好地理解它们并做出决策。建立一套科学合理的评估体系对于全面推进课程思政的实施至关重要。课程思政与普通专业课程不同，传统的考试等评估方法难以提供准确的结果。因此，构建有效且合理的评估体系显得尤为重要。这个体系可以用来判断和反馈课程思政的成效，帮助提高其质量。

（一）多元化的评价体系有助于在评价主体之间形成闭环

以上海的"三圈三全十育人"理念为例，这一概念将课程思政的实施渠道分为内圈、中圈和外圈。内圈强调在学校第一课堂中，所有课程和教师都应充分发挥思政育人的作用。中圈关注通过第二课堂和互联网教育将思政主题融入校园环境。外圈则整合社会资源，为高校育人提供支持。这种整合的方法有助于将思政教育从课堂延伸到实践中，确保知识和实践相互支持和映射。为了使这一过程更加全面，需要建立多元化的评价体系，跟踪不同主体的表现，确保被评价者能够接受和认同评价结果，并获得积极的激励。这有助于实现"三圈"和"三全"的有效协同，使课程思政建设更加全面。

（二）及时发现课程思政的实施效果及其对学生的影响，改进课程思政设计和实施等方面的问题

评价的结果是对评价的直接反馈，同时也是一种激励和经验的总结。设立适当的标准和参考点在各个环节能够帮助相关主体识别存在的问题，并激发他们主动寻求解决问题的方法。这有助于深刻理解课程思政的价值和建设方向。通过评价，教师、学生以及管理者可以共同发现强项和改进的空间，从而不断提升课程思政的质量和影响力。评价不仅提供了定量数据，还为相关主体提供了反馈和指导，鼓励他们积极参与课程思政的改进和发展。这种反馈机制不仅帮助解决问题，还促使人们更深入地思考如何更好地实现思政价值和达成教育目标。因此，在课程思政建设中，设置合理的评价标准是非常重要的，它有助于推动全面发展和提高质量。

（三）有利于提升多主体的合力育人积极性

多元化的课程思政建设成效评价体系需要各类参与者的共同参与，这些评价主体包括教师、学生、辅导员、学校的各个行政管理部门以及社会机构等。这些不同主体各自拥有独立的评价标准，但为了协同推进课程思政建设，需要确保各类考核指标体系相互协调和兼容，以认可不同主体在课程思政育人方面所取得的成就。这种协同评价的方式有助于鼓励各主体更积极地参与育人事业，分享他们的经验和最佳实践，以推动课程思政的不断完善。此外，这也有助于确保评价过程更全面，准确反映各方在课程思政建设中的贡献和努力。最终，这样的多主体评价体系有助于形成更具合作和共识的育人文化，以确保课程思政的成功实施。

三、课程思政建设成效评价体系的构建路径

课程思政建设的成效评价体系的重要性不容忽视，但更为关键的是要建立一个科学合理的评价体系。这一体系需要着重考虑多主体的参与，确保所有相关方都能为课程思政的成功贡献力量。同时，评价内容应以学生为核心，侧重教师的引导和教学条件的支持。这样的评价体系需要结合传统方法和现代信息技术，采取多种方式进行评价，以适应教育时代的需求。评价结果应采用多途径和激励机制相结合的反馈方式，以确保相关主体能够了解他们的表现和成果，并受到积极的激励。综合而言，一个科学的评价体系需要具备多元化的特点，包括多样的评价主体、多维的评价内容和多种评价方法，同时提供多途径的反馈机制。这有助于确保课程思政的建设是全面、综合、有效的，从而更好地满足当今教育的需求。

（一）多元化的评价主体

评价主体是参与评价活动的个人或团体，他们根据特定标准对被评价的对象进行价值判断。在课程思政的评价中，应该涵盖来自校内和校外的各种主体。校内评价主体包括教师、学生、各职能部门、校领导和督导等，而校外评价主体包括政府、企业、家庭等。

与传统的评价方法不同，多元化评价主体可以从不同角度全面反映育人成效。这种多元性体现在评价的范围扩展到了不同的关键利益相关者，包括学生家长、专业评价机构和学校以外的其他相关人员。发挥不同主体的评价作用有助于使评价结果更加客观，更好地体现出思政育人过程的全面性、民主性和人性化。

综合不同主体的评价，可以制定关于在专业课教学中实践课程思政理念的评价内容和标准。这些评价内容和标准由各个主体独立评估，同时结合定性和定量方法。最终，综合各方意见进行协商，形成综合性评价，并对取得的成果和原因进行详细分析。虽然这种分割评价的方法可能会有一定的复杂性，但它有助于明确专业课教学中实践

课程思政理念的效果，以便进行不断的改进和优化。这种细化评价方法有助于确保课程思政的质量和有效性。

（二）多维度的评价内容

（1）突出以学生为核心的评价

学生在课程思政教学中扮演了关键的角色，他们是知识和价值观念的接受者。在这个过程中，学生将受到来自不同评价主体的影响。评价的焦点应当是学生的多维发展，包括他们的道德品质、公民素质、学习能力、合作与交流能力、运动与健康、审美与表现等方面。

这种以学生为核心的评价方法不仅注重学生的日常行为和表现，还着重关注个体差异和特长。评价的过程本身就是学生不断认识自我、发展自我和完善自我的过程。通过全面的评价，学生能够更好地理解自己的成长和进步，以及如何在学习和生活中实现自身潜力的发挥。这样的评价方法有助于鼓励学生积极参与课程思政的学习，不断提升他们的综合素质。

（2）强调教师评价为主导

在课程思政建设中，教师是关键的因素，他们在教育领域扮演着主要角色。教师队伍被认为是"主力军"，而课程建设则是"主战场"，课堂教学是"主渠道"。因此，教师在课程思政改革中的作用至关重要。

首先，教师需要加强对思政教育理论的理解和认知，明晰思政教育与专业课的关系。教师应该充分挖掘专业课中蕴含的人文精神和文化价值，引导学生在学习专业技能的同时培养正确的人生观和价值观。此外，专业课教师的行为规范和职业道德也会潜移默化地影响学生的行为。

因此，在评价体系中，应该着重评估专业课教师的思政教育水平、道德修养和教学方法的运用。这有助于明确价值引领与知识传授以及能力培养之间的关联。评价结果的反馈可以帮助教师改进教学方法，积累教学经验，突出教学特色，最终提高课程的思政育人效能，确保育人效果得到最大化发挥。

（3）关注以教学条件为关联

课程思政建设的成功需要得到教学条件的全力支持。这些教学条件包括建设教学团队和丰富教学资源、经费的投入力度、完善的规章制度、合理的顶层设计以及科研和教研的支持。这些因素都会直接影响课程思政建设的成果和效果。

（三）多样化的评价方法

学校对课程思政的评价方法可以采用不同途径，其中一些常见的方法包括思想政治素养发展档案法、关键事件法，以及评价量表法等。思想政治素养发展档案法通过建立学生的思政档案，记录思政教育相关环节，以便进行评价。然而，考虑到课程思政的长期性和隐蔽性，传统的评价方法，如问卷、座谈和考察，可能不足以全面反映育人效果。

在当今互联网时代，结合网络信息技术和大数据分析，可以提供更为全面和动态的评价方式。师生群体在网络中的行为轨迹可以用来挖掘行为特征，为评价提供客观依据。大数据分析技术可以帮助构建符合现代教育要求和特色的评价体系，使评价方法更加多样、准确、客观、动态，并具有长期效应。这为教育评价理论和方法提供了有益的契机，有助于更好地了解和评估课程思政的效果。

（四）多途径的评价反馈

评价体系的重要性在于提供及时有效的反馈，反馈是评价过程中不可或缺的环节。评价结果的反馈有助于参与者判断他们的行动是否符合标准、是否朝着目标前进。评价结果通常传递三个层次的信息，即是否在做正确的事情、是否在正确地做事情，以及是否有更好的实施方法。

反馈可以通过多种途径实现，结合线上和线下方式，例如使用思想政治素养发展档案并借助现代信息技术手段，可以及时有效地将评价结果反馈给受评主体，确保结果的时效性。此外，将课程思政的成效评价与教师绩效评估、职称评定等考核制度相结合，通过建立激励政策体系，可以增强评价结果的约束力。这一举措不仅有助于解决学校可能过度强调科研而忽视教学的问题，也可以激发教师的积极性，使他们更专心致志地参与课程思政教学改革，从而提高教学质量。

第四章 刑事科学技术专业建设概述

第一节 刑事科学技术基本概念

一、刑事科学技术的定义

刑事科学技术是一门综合性应用学科，它应用自然科学和社会科学的原理和方法，研究事件的法律性质，发现犯罪，揭露犯罪，证实犯罪，以及预防犯罪的规律。这一学科的主要任务是在法律框架下，通过现代科学技术的理论和方法，收集、分析、检验和鉴定与犯罪活动有关的各类物证材料，从而为侦查、起诉和审判工作提供重要的线索和证据。

这一领域的研究对象主要是物证证据，包括各种与犯罪案件相关的实物和资料。刑事科学技术的应用是为了确保司法公正，提供准确、科学的证据，以协助法律机关对犯罪活动进行调查和追踪，最终维护社会秩序和公共安全。这一学科对国家公安机关、安全机关、人民检察院、人民法院等机构具有重要的支持作用，为刑事司法提供了关键性的技术支持。

刑事科学技术，又称刑事技术或物证证据技术，是在刑事司法领域的一门专门技术，应用现代科学技术的原理和方法，根据刑事诉讼法的规定，专门用于收集、检验、鉴定与犯罪活动相关的各种物证证据。这些物证证据包括各种实物、文件、记录等。其主要目的是为侦查、起诉和审判工作提供关键的线索和证据，以支持司法程序。

在新时代背景下，刑事科学技术面临一系列新挑战。犯罪活动日益采用高科技手段，要求刑事科学技术人员提高数量和质量标准，以满足更高的证据质和量的要求。这需要不断提升技术水平，以应对不断演化的犯罪形式。刑事科学技术在维护社会治安、打击犯罪和确保司法公正方面发挥着不可或缺的作用，为社会的稳定和发展提供了重要保障。

二、刑事科学技术的研究对象

刑事科学技术是我国公安司法鉴定领域的关键领域之一，它涵盖了多个分支学科，包括痕迹检验、文件检验、声像技术、刑事理化检验技术、法医检验、警犬技术、心理测试测谎、生物物证和电子物证等九个主要领域。这些领域的任务是通过应用物质交换、种属鉴别和同一认定等原则，对不同类型的物证进行鉴定、检验和识别。

痕迹检验：作为刑事科学技术的重要组成部分，关注各种犯罪痕迹的形成、变化规律以及发现、显现、提取、分析和鉴定这些痕迹的方法。这对揭露和证实犯罪非常重要，为侦查、起诉和审判提供了关键线索和证据。痕迹检验的范围包括手印、足迹、工具痕迹、枪弹痕迹以及特殊痕迹等。这些技术和方法在破案工作中发挥着关键作用，有助于解决犯罪案件并确保司法公正。

文件检验：这一领域涉及对可疑文书和文书物证的分析和鉴定。它使用多种科学方法，如笔迹鉴定、印刷文件检验、言语识别等，以确定文书与案件事实以及特定个体之间的关系。

声像技术：声像技术包括处理音频和视频信息，其中包括电影胶片和电视录像的制作。这一领域用于分析刑事图像、物证检验照相、视听资料分析等，以提供与案件相关的信息。

刑事理化检验技术：刑事理化检验技术涵盖了使用物理或化学方法，以及仪器和仪表进行检验。这包括微量物证检验、毒物分析和毒品分析等。

法医检验:法医检验是应用医学和其他自然科学的理论和技术，解决立法、侦查、审判实践中涉及的医学问题。这包括法医病理学、法医物证学、法医毒理学等领域。

警犬技术：警犬技术涉及警察机关训练、使用、管理和繁育警犬，以及处理警犬的疾病。这种技术有助于安全维护和犯罪侦查。

心理测试测谎：心理测试是一种衡量个体心理因素水平和差异的科学测量方法。心理测试包括测谎技术，它是一种新兴的刑事科学技术领域。

生物物证:生物物证包括从生物体中获取的物证，如毛发、皮屑、血液、精液等。这些物证在刑事科学技术中的应用逐渐崭露头角。

电子物证:电子物证是证据研究的一部分，通常是与电子文件和电子信息相关的。这些物证需要特殊方法来保持其完整性和可靠性，以证明案件相关的事实。

三、刑事科学技术的理论基础

刑事科学技术是一个广泛而多层次的领域，其理论框架具有以下特征。首先，它扎根于辩证唯物主义和历史唯物主义的哲学思想，强调历史和社会条件对刑事科学技术的发展和应用产生的影响。其次，刑事科学技术融合了多个层面的知识。第一层面是自然科学，包括数学、物理学、化学、生命科学、信息科学、材料科学等，这些科学为刑事科学技术提供了基础理论和技术方法。第二层面则是社会科学，包括政治学、经济学、法学、语言学、宗教学、民族学、社会学等，这些领域有助于理解犯罪背后的社会和行为因素。第三层面包括刑事科学技术的具体理论和技术方法。

刑事科学技术是现代科学技术在刑事诉讼领域的具体应用。它从古代的个人经验型技术方法逐步演变为包括近20种专业门类的较完整学科体系。在西方国家，刑事科学技术的应用被称为"法庭科学"（Forensic Science）。其广义范畴包括现场勘查，取证，各种痕迹、文件物证检验，毒物、毒品检验，法医学检验以及精神病学鉴定等。狭义的刑事科学技术不包括法医学、尸体检验、临床试验以及精神病学鉴定。

刑事科学技术的任务非常复杂，其研究内容非常广泛。最重要的任务是为侦查破案提供支持，帮助揭露和打击各种威胁国家安全、社会安定和人民生命财产安全的违法犯罪活动。此外，刑事科学技术还在案件侦查和调查以及犯罪预防方面发挥作用，提供科学技术支持，有助于打击犯罪和维护社会治安。这一领域不断发展和应用，以适应不断变化的犯罪形势和法律体系。

四、我国刑事技术工作的开展

刑事科学技术，即现代科学技术在刑事诉讼领域的具体应用学科，与现代科学技术的发展一直同步前进。尽管工业革命在19世纪下半叶促进了现代刑事科学技术的形成，但实际上，其历史可以追溯到更古老的时期。中国在这方面有着世界领先地位，例如指纹技术的起源可以追溯到中国秦朝。

早在夏代时期，人们就在陶瓷上留下有意捺印的痕迹，用于图案或标记。周代的契约中也出现了捺印的手印。而在1975年，从湖北云梦县睡虎地秦墓中出土的竹简《封诊式》则是中国最早的技术文献之一，其中涉及现场勘查和痕迹学。古代中国的法医学可以追溯到公元前407年魏国颁布的《法经》。此外，在宋理宗淳祐七年（1247），湖南提点刑狱官宋慈编著了《洗冤集录》，这是中国历史上第一部法医学专著，为这一领域的发展做出了重要贡献。

新中国成立后，我国刑事科学技术的演进经历了三个主要阶段。首先，从1949年到1965年，是建设与初创期。随后，从1966年到1976年，"文化大革命"时，遭受了严重损害。最后，自党的十一届三中全会结束"文化大革命"以来，刑事科学技术蓬勃复苏并迅速发展。这一时期的中国进入了历史性的发展阶段，刑事科学技术逐渐完善学科框架，以满足不断增长的需求。

现代刑事科学技术借鉴了分子生物学、生命科学、新材料学、DNA技术、生化技术和纳米技术等现代科技，形成了全新的应用学科平台。物证的精确性逐渐提高，在定量和微量方向取得显著进展。分析检验技术迈向分子级别，提高了精确度，同时，全过程的检测、记录和分析已经实现自动化，取代了手工和半自动化方法。

检验鉴定从依赖经验性判断转向统计数据归纳，提高了客观可信度，技术装备更多地采用综合性的有机组合，包括计算机和网络技术以及多媒体技术等，使刑事科学技术成为科技含量密集的技术体系。因此，刑事科学技术已成为维护公共安全、打击犯罪和预防犯罪不可或缺的重要工具，实现了"科技强警"的目标。

五、刑事技术在公安工作中的地位和作用

刑事科学技术，是在法律框架下，由国家公安机关和司法机关运用科学技术的综合手段，用于预防犯罪以及寻找、记录、提取、辨认、检验和鉴定与犯罪事件相关的痕迹和物证，以提供调查和审判工作所需的线索和证据。刑事科学技术扮演着不可或缺的角色，显著增强了犯罪的对抗能力，并在侦破案件方面发挥越来越大的作用。

（一）刑事科学技术在侦查阶段的作用

1. 在犯罪现场进行勘验，收集相关的案件证据

一旦案件发生，技术专家需要迅速赶到现场进行勘查。他们的首要任务是记录犯罪现场的情况。一旦现场被记录下来，痕迹人员开始寻找、搜索犯罪现场的痕迹物证，并使用物理、化学等科学方法来揭示潜在的指纹，提取现场的足迹，收集并保留各种微小痕迹、碎片和纤维等物证。这些物证最终将用于确定犯罪嫌疑人。

2. 确定事件性质并分析案情

首先，技术人员需要确定事件的性质。在现场勘验结束后，他们必须根据现场情况分析案情，以决定是否应该立案。例如，如果有人上吊而亡，是自杀还是被他人谋杀后伪装成自杀；某家庭被盗案，是真正的盗窃还是由于其他原因伪装的案件；某农户家中发生食物中毒事件，是故意投毒还是意外食用有毒物质。只有通过现场勘查和物证检验，刑事科学专家才能澄清情况，确定是否存在犯罪、是否需要立案，以及是否需要成立专案组来进行进一步侦破。

其次，分析研究案情是至关重要的。一旦确定事件是一起案件，就需要详细了解犯罪嫌疑人在犯罪过程中采用的方法、案发经过，以及犯罪的时间、地点、参与人数等情况。技术专家通过分析现场痕迹物证的分布来确定犯罪时间、地点和参与人数。

最后，刻画犯罪嫌疑人的个人特征。根据犯罪侵害对象、犯罪手段和特点，以及现场痕迹物证的类型、位置和分布，可以绘制犯罪嫌疑人的特征描述，分析犯罪嫌疑人可能具备的个人特征和犯罪条件。例如，通过分析现场留下的足迹，可以推断犯罪嫌疑人的身高、年龄、性别、体型和步态；通过犯罪的手段和特点，可以分析犯罪嫌

疑人的职业和技能;通过现场遗留的书证,可以分析犯罪嫌疑人的籍贯、居住地、职业、文化程度、经历和其他特征。

3. 确定调查方向和范围

调查方向和范围是刑事侦查中两个紧密相关但又有所区别的核心概念。调查方向实际上涉及人员范围的确定。刑事科学技术在确定调查方向和范围方面发挥着至关重要的作用。这些决策往往是根据技术人员对案件的分析,包括案件性质、犯罪条件、犯罪嫌疑人的特征、现场地理环境,以及犯罪嫌疑人是否熟悉现场情况、现场遗留的痕迹物证、作案手段和方法的分析等多方面因素进行的。

4. 为合并调查提供依据

合并调查是刑事案件侦查中的一项重要措施,它可以在刑事案件的侦查阶段或在已破案后的进一步深挖和解决未结案件阶段进行。确定是否合并调查主要根据对犯罪手段和情节特征的分析、受害人或证人提供的证词,以及对现场物证的检验。特别是利用犯罪现场留下的物证,尤其是痕迹物证,是一种重要而可靠的方法。技术人员可以使用从现场提取的指纹,通过本辖区或更广泛的指纹数据库进行查询,以确定是否存在串案线索。同样,利用从现场提取的足迹,可以通过在线网络合并调查的方式来追踪犯罪嫌疑人。

(二)刑事技术在案件起诉和审判中的作用

1. 提供法庭可公开查阅的诉讼证据

刑事科学技术专家通过记录和图像手段,向法庭提供能够直观呈现的证据,例如现场照片、物证照片、现场录像、犯罪过程录像、录音等,以确凿证实案件的事实和危害后果,从而证明相关物证与犯罪行为之间的内在联系。此外,他们通过物证的检验和鉴定,提交检验报告或鉴定结论,揭示物证与被告人之间的关联性,作为证明被告人犯罪的法庭证据。

2. 验证其他证据的真实性

物证是客观存在的物质,具有客观属性。侦查人员通过刑事科学技术手段对物证的自然属性进行科学研究和技术检验,赋予了它客观性和科学性,这些证据不受人的主观意愿影响,因此具备强有力的证明力。

3. 补充和加强其他证据

有时技术检验结论可能无法直接证明特定的犯罪情节,但可以增强其他证据的可信度。例如,在强奸案中,对现场精斑血型物质的检验结果与嫌疑人的血型检验一致。虽然这不能直接证明该人实施了强奸行为,但当这一检验结果与被害人的指认和其他证据材料相一致时,它无疑为这些证据提供了有力的支持,增强了这些证据的可信度。

（三）刑事科学技术在预防犯罪中的作用

打击犯罪和预防犯罪并重、打防结合一直是我国公安司法工作的核心指导原则。刑事科学技术在此过程中发挥着重要作用，除了追求及时破案和对犯罪行为进行打击，它也在基础性预防工作中发挥关键作用，有助于减少犯罪案件的发生，降低社会损失，使警力和资源能更集中地应对严重刑事犯罪。

刑事科学技术人员通过对犯罪手段、工具和犯罪性质的不断分析和积累，总结出相关规律，并将这些信息提供给领导机关，为他们制定正确的犯罪预防策略提供决策依据。此外，刑事科学技术还利用其技术力量和对犯罪手段的了解，有针对性地研发有效的防范设备，以应对新型犯罪手段和威胁。

这种综合的方法有助于加强社会治安，预防犯罪，同时也提高了司法机关应对犯罪的能力，确保社会更加安全有序。

第二节　公安院校刑事科学技术专业建设现状分析

一、公安院校刑事科学技术专业教学的发展

20世纪30—40年代，中国近代刑事科学技术领域的发展主要集中在法医学和指纹识别方面。在这一时期，林几教授于1930年在北平大学医学院创立了中国现代法医学，而国民政府的司法行政部于1932年在上海成立了法医研究所，旨在培养法医学专业人才并出版《法医月刊》。此外，1948年，中华民国警察总署在南京举办了指纹会议，确定了十指指纹分析采用亨利制度，单指指纹采用伯特利制度，以及十指卡片采用八寸见方卡片，取代了原有的平放式。然而，这些改变在当时并未真正实施。

在新中国成立之前，解放区已经开始了刑事科学技术的建设工作。东北解放区于1948年成立了东北公安总处，开始开展犯罪现场勘查、刑事摄影、指纹检验等刑事技术的建设工作。同时，华北军区政治部保卫部编辑了《侦查工作技术参考资料》等教材，这些是当时中国最早的公安科技启蒙教材。其他一些相关著作也相继出现，例如《犯罪检查技术概论》和《指纹学参考材料》。

20世纪40年代末至60年代中期，新中国成立后，政府对国民党警察系统的一部分技术人员进行改造和继续使用，同时接收了大量的档案和一些设备。各地在1949年到1956年间基本完成了对指纹旧档案的整理，并遵循亨利指纹分析法建立了十指指纹档案。此时，刑事科学技术队伍建设和理论研究也在积极展开，引进了苏联

的认定理论和检验技术。部分苏联教授和专家被邀请到中国，为培养技术骨干提供了帮助。

在人才培养方面，中央人民警察干部学校和华北公安干部学校等机构的建立为培养刑事科学技术专业人才提供了基础。1954 年至 1955 年，苏联专家协助教授中国的专业技术骨干，派遣技术骨干和学生前往苏联学习刑事技术。此外，第一人民警察干部学校（即中央人民警察干部学校前身）在 1956 年成立了刑事科学技术教研室，邀请苏联专家协助授课，并开设了痕迹学、文检、指纹学、照相、验枪、化验、法医等培训班，培养了大批刑事科学技术干部。此外，一些医学院校也成立了法医学教研室，并为医学系本科生提供了法医学课程，使他们获得了一定的法医学知识和技能。

在科研和应用方面，新中国在 1951 年的基础上创建了司法鉴定科学研究院，这是在原国民政府法医研究所的基础上发展而来的。该机构致力于研究指纹显现的理论和方法，并在《人民公安》和《刑事技术通讯》等期刊上连续发表了有关指纹鉴定显现的文章。此外，他们出版了一些关于手印显现方法和变形手印检验的书籍。在技术研究方面，茚三酮显现法、活体指纹观察器、圆柱体指纹照相法等多项成果被广泛推广和应用，显著提高了现场指纹的显现和提取效率。此外，指纹自动排档机和光电分析仪等项目也取得成功。为统一全国范围内的指纹分析方法，我国于 1956 年颁布了《刑事登记十指指纹分析法》和《保管部门十指指纹操作程序》。

在文件检验领域，1958 年编印的《文件检验教材》在吸收苏联专业知识的基础上，结合了中国的实际情况，对培训专业干部和促进业务学习以及理论研究发挥了重要作用。在这一时期，苏联专家的指导和帮助对新中国刑事科学技术体系的建立和发展起到了重要的促进作用。我国在借鉴苏联的刑事科学技术体系和理论的基础上，逐步建立了自己的刑事科学技术体系，并制定了《刑事科学技术二年规划（草案）》（1960年 8 月 13 日）。

在 20 世纪 70 年代初，指纹技术在多个重大案件的侦破中获得了显著成功，这推动了全国刑事科学技术工作的恢复和重建。于是，在 1972 年 12 月 6 日，根据第十五次全国公安工作会议的精神，公安部成立了一二六研究所（后更名为公安部第二研究所，1996 年成立了公安部物证鉴定中心），恢复了刑事科学技术研究。初期，这个机构设立了法医室、痕迹检验室、刑事照相室、文件检验室、刑事化验室，之后又从痕迹检验室分出枪弹检验室和指纹检验室。为了解决技术人员短缺的问题，公安部逐步恢复了公安院校系和培训班，以重建刑事科学技术队伍。在 1976 年，制定了《全国刑事科学技术发展计划》，并在 1978 年的全国科学大会上激发了公安机关技术人员的科研热情。在指纹检验领域，攻克了多个现场手印勘查技术难题，如 80- 型、Ⅱ型 8-羟基喹啉指纹显现器，使用硫氰酸盐气雾法显现灰尘手印脚印，以及真空镀膜技术用于显现疑难手印等。

在法医学领域，1979 年卫生部重新发布了《解剖尸体规则》，为法医学的发展提供了规范。同一年，一些医学院校开始招收法医学专业的学生，学制为 5 年。此时，中国正式开始研究和建立对血清蛋白遗传多态性分型的方法，也取得突破，拓宽了血型检验的范畴。20 世纪 80 年代中期开始，建立并推广了红细胞同工酶多态性分型鉴定的一系列方法，进一步扩展了法医物证个人识别的领域。同时，DNA 技术也获得了迅速发展，首次应用于侦查破案。1997 年，法医物证领域首次出台了公共安全行业标准 GA/T169—1997《法医学物证检材的提取、保存与送检》。

在 20 世纪 80 年代初，公安部发布了《刑事技术鉴定规则》，规定了尸体和物证检验的程序、鉴定要求以及出庭做证等问题。在"七五"后期，我国正式启动了对 DNA 指纹技术的研究，引进了国产化的多位点探针，建立了用非同位素标记探针的方法来检测 DNA 指纹技术。此外，对一些特殊检材如毛发和指甲进行检验的方法也得以建立。

在指纹检验领域，20 世纪 80 年代左右，北京市公安局刑事科学技术研究所引进并改造了 502 超级胶法和物理微粒显现剂技术，研究了 8- 羟基喹啉指纹显现手印的原理和方法，并成功完成了多波段光源的研制，将 DNA 技术用于手印中遗传物质的检验。这一时期，我国也研制了"指纹自动识别系统"，使指纹技术在国际上取得了先进地位。

文件检验方面，各地公安机关配备了一系列文检专用仪器，改进了静电压痕显现仪，使文检技术得以进一步发展。声像证据方面，1981 年，最高人民法院特别刑事法庭首次在庭审中使用了录音资料作为证据，标志着声像证据的应用开始萌芽。

进入 21 世纪，公安部着手专门研究计算机犯罪案件、电子数据取证和计算机犯罪侦查等领域的技术。国家科技部等机构也设立了多个研究项目，特别关注"电子数据取证"。此外，公安系统的院校开始建立计算机取证实验室，培训了一批电子数据取证和信息网络安全技术的新一代团队。

在 2008 年，公安部发布了《公安机关网安部门电子数据检验鉴定实验室能力和装备分级标准》，这是我国第一次提出各级公安机关的电子数据取证能力分级要求和装备标准。2012 年后，刑事诉讼法、民事诉讼法和行政诉讼法都明确电子数据证据作为独立的证据形式。电子取证技术不再仅限于公安的网络安全部门，而是扩展到几乎所有执法部门。

在新时代，传统刑事科学技术也迎来了新的发展趋势。文件检验领域出现了笔迹量化分析系统，同时手写电子签名的广泛应用使得传统笔迹检验与电子数据检验实现了有机融合。DNA 检验领域不断演进，朝着快速、高通量、微量疑难检材检验的方向发展。指纹检验也在更为灵敏的显现材料和技术、更为高效的识别技术等方面持续取得突破和创新。这些进步将为刑事科学技术的应用提供更广泛和精准的支持。

二、公安院校刑事科学技术专业教学相关要素分析

改进刑事科学技术课程的教学内容是至关重要的。这需要教师更加关注课程教学过程中出现的问题，以此为基础重新设计教学内容，确保其紧密围绕教学目标展开。应以基本理论为基础，注重深度和广度，引入最新的犯罪科学和技术成果。在不同学科内容之间强化衔接，避免重复教学，培养学生的创新意识和技能，鼓励他们主动解决问题。

此外，改进教学方法也是关键之一。刑事科学技术是应用学科，因此教学方法需要更具灵活性。应采用多种教学方法，如模拟教学、案例教学和启发式教学，从而激发学生的兴趣，鼓励他们积极参与学习，不再仅仅是被动接受知识。实验教学也非常重要，可以培养学生的实践操作能力和创新创造能力，将理论和实践结合起来，使学生能够运用所学的知识和技能解决实际问题。

最后，综合性实验环节的建设至关重要。这有助于培养学生分析和解决问题的能力。综合性实验可以将多个课程内容有机融合，使学生更好地理解如何将所学应用于实际案例。鼓励学生自主完成实验操作，并从中获取经验，这可以激发他们的主动性和探索精神。同时，这种实践教育也为学生顺利过渡到工作岗位提供了宝贵的经验和技能。

三、大数据时代对刑事科学技术专业人才培养的新要求

大数据正逐渐深刻地影响着我国的公安警务模式。它已经渗透到各个领域和岗位，许多地方的公安机关将大数据应用于实际的案件办理，甚至将其纳入绩效考核中。现在，公安机关要求警务人员具备大数据思维，能够通过整合和分析大量数据来获取有价值的情报信息，用于案件分析、证据比对以及改进战略，这使得大数据应用成为提升公安实际执行力的核心引擎，也有助于提高破案率。

随着刑事审判制度改革的不断深入，现场勘查的质量和规范性显得尤为重要，因为它直接关系到案件的审理结果。这也与刑事技术密切相关，因此，新的技术和手段应用于案件侦破是至关重要的。面对日益增长的信息化和高科技犯罪，刑事技术面临前所未有的挑战。大数据和信息化技术已经广泛应用于刑事技术领域，为刑事技术带来了巨大的革命。这意味着许多刑事技术方法都在不同程度上与大数据和信息化技术相结合，为提高刑事案件的破案率提供了有效手段。

四、公安院校刑事科学技术专业教学存在的主要问题

（一）学生的评估方法缺乏多样性

目前，大多数刑事科学技术专业的院校采用传统的评估方式，即平时成绩和期末考试成绩的结合，来评估学生的学习效果。这种方法主要侧重理论知识的理解，却难以全面反映学生的学习状态。许多学生往往倾向于在考试前临时突击，导致知识掌握不够牢固。刑事科学技术专业强调应用性和实践性，需要学生具备分析和解决问题的能力。然而，一些教师仍然过于强调笔试考试，这种方式难以测评学生的创新和实践能力，也难以提高教学效果。

（二）教学内容需要更具科学性

刑事科学技术专业的主要课程涵盖刑事图像、刑事化验、现场勘查、痕迹检验和法医学等领域。然而，目前的教学内容存在一些问题。首先，课程内容过于依赖教材，缺乏对最新技术和方法的介绍，与实际应用脱节。其次，由于专业课程时间有限，教师通常只能泛泛而谈，导致学生的知识理解不够深刻，难以将所学应用于实际工作。

（三）教学方法需要更生动

随着科技的发展，信息化教学方式在很多高校已经取得了成功应用。这种方式不仅丰富了教学内容，提高了学习的便利性，而且多媒体工具为教师的授课提供了更多选择。然而，一些教师仍然坚守传统的填鸭式教学方法，这难以激发学生的学习热情，也难以培养学生的创新思维。

（四）实验教学需要更重视

刑事科学技术专业强调物证鉴定和现场勘查，这需要学生具备综合技能和创新能力。因此，实验教学至关重要。综合性实验项目的设置有助于学生将理论与实践相结合，锻炼他们的探索和开拓精神。然而，当前实验项目相对较少，这限制了学生的发展。应当加强探索性综合实验项目的设置，以培养学生的实践能力。

第三节　公安院校刑事科学技术专业人才培养

一、刑事科学技术专业建设的基本依据

公安技术类本科专业的设立具有国家战略性和社会重要性，旨在满足公安机关的

需求，培养高素质的公安专业人才。这些人才必须具备忠诚、道德品质高尚、综合素质全面、专业基础扎实、实战能力强等特点。培养这些人才是维护国家安全、社会稳定，推进平安中国和法治中国建设的内在需要。

公安技术学科作为一门交叉学科，关注国家安全、社会治安秩序以及公民权利的维护。它涵盖了多个领域，包括刑事科学技术、安全防范技术、视频图像侦查技术、网络安全与执法技术、交通安全执法技术、消防技术、抢险救援技术、公安通信技术和公安指挥技术等。这些领域的研究与实践紧密相关，为培养符合公安职业特色的人才提供了重要支持。

为了达到人才培养的目标，公安技术类本科专业采取了立德树人的原则，重视忠诚教育，注重综合素质的培养，打牢专业基础，强化实战能力。教学模式注重与公安实战部门的协作共建，实行警务化管理，以确保学生具备政治坚定、业务娴熟、作风过硬、素质优良的特点。这有助于满足公安机关的需求，提高公安专业人才的质量，维护国家安全和社会稳定。

二、刑事科学技术专业人才培养方案的制订

在我们的教育体系中，习近平总书记的引领思想成为我们坚实的基石，为我们的教育目标确立了坚实的道义方向，要求学生具备对党忠诚、服务人民、执法公正、纪律严明的核心价值观。我们坚信，这些价值观不仅是学生职业生涯的指导原则，更是构建和谐社会的重要支持。

在这个背景下，我们着力培养学生的综合素质，不仅注重专业知识的传授，更注重学生的思想道德素质和综合素养的培养。我们希望每位学生都能成为德智体美劳全面发展的社会主义建设者和接班人，不仅技能高超，还有高尚的品德和坚定的信仰。

为了让学生更好地适应现实的警察工作需求，我们的课程设置是针对实际的行业需求以及实际战斗的要求而设计的。这不仅涉及将理论与实践相融合，超越了仅仅传授知识的范畴。我们的目标是培养学生，他们不仅拥有丰富的专业知识，还具备全面理解和应对复杂警务工作的能力。

我们的教育注重强化警察职业综合能力的培养，这意味着学生在课程中不仅需要汲取知识，还要积极参与解决实际问题。我们鼓励他们主动思考，理解各种情境下的工作需求，锻炼处理紧急情况和复杂局面的能力。这样的综合素质和操作技能的均衡培养，使学生在职业生涯中更具竞争力。

在警务工作中，专业素质和实际操作技能同等重要。学生要能够在高压环境下迅速做出正确决策，同时要秉持高尚的品德，为人民服务，维护法治公正，坚守纪律。这不仅是为了维护国家的安全和社会的和谐，还是践行社会主义执法核心价值观的具体体现。

因此，我们所实施的教育体系旨在培养既具备高度综合素质又具备实际操作技能的学生，他们将在警务领域中脱颖而出，确保社会安全、保护人民利益，同时也将成为社会主义核心价值观的坚定守护者，为国家的和谐与安全做出卓越的贡献。

我们坚持深化与实际警务工作部门的紧密合作，确保学生在真实的警务环境中能够灵活应用他们所学的知识和技能。这种合作不仅是理论和实践的结合，还包括学生参与社会调查、科研项目，以及在警务机构进行毕业实习等方面的全面经验。通过这些实际机会，学生将深刻地认识到警务工作的复杂性和实际需求，从而更好地为将来的职业生涯做好准备。

我们的教育体系，不仅注重对学生综合素质和实际操作技能的培养，还强调培养学生的创新思维和创新能力。创新是社会进步的重要动力，它也在警务领域扮演着至关重要的角色。因此，我们将创新教育有机融入专业教育之中，为学生提供机会，让他们能够主动思考问题，并积极寻找创新的解决方案。

创新思维的培养是一项复杂而深远的任务，但我们深信这对于培养未来的警务从业人员至关重要。在我们的课程中，我们鼓励学生去质疑、去探索、去挑战传统的观点和方法。我们的目标是将学生培养成为有远见卓识的决策者，使之能够在复杂的警务环境中灵活应对各种挑战。

为学生提供多元化的创新课程和实践机会，这些机会包括参与科研项目、社会实践、创业竞赛等。这些活动将帮助学生培养创新思维和解决问题的能力。在这个过程中，他们将学会收集信息、分析情况，提出新的理念和方法，为公共安全和社会稳定做出更大的贡献。

因此，我们的教育体系不仅是为了培养出具备较高综合素质和实际操作技能的警务从业人员，还旨在打造有创新能力的警务精英。这将推动警务领域向更高效和创新的方向前进，为社会的安全和稳定做出更大的贡献。

三、刑事科学技术专业人才能力建设标准

我们的专业培养旨在培养学生成为党的坚定支持者、遵纪守法的模范，拥有高水平的综合素质。他们将具备鲜明的社会责任感、法治观念、创新意识和实际公安工作能力。此外，他们将适应公安领域日益专业化、职业化、实战化的需求，深入了解相关法律政策和技术标准。他们将全面掌握专业的核心理论、知识和技能，具备开展专业工作所需的能力，同时还能在领域内进行研究和创新。

这样的培养目标意味着，我们在学生身上培养的不仅是职业技能，更是一种坚定的职业道德，以及对社会的积极回馈。我们鼓励学生始终秉持公正和诚实的原则，关注社会问题，寻求新的解决方案，为公共安全和社会稳定贡献智慧和力量。他们将成

为未来的公安专业人才，拥有应对各种挑战的能力，同时也具备不断学习和发展的潜力。

在这个过程中，学生将得到系统的培训，包括实际案例分析、模拟演练、技术应用和研究项目等方面。这些活动将有助于学生形成扎实的专业基础，同时也鼓励他们不断提高技能和追求创新。这样，他们将能够胜任公安技术领域的各种工作，并为建设法治社会和保障国家安全做出杰出贡献。

四、刑事科学技术专业课程体系的架构

我们的课程体系精心设计，分为两大核心部分：理论课程和实践教学。理论课程包括通识类和公安业务类课程。公安业务类课程进一步分为公安基础、专业基础和专业课程，以确保学生建立坚实的专业知识和核心能力。

同时，实践教学也占据了课程体系中的关键位置。我们强调理论与实践的有机结合，因此实践教学环节包括实验、实训、课程设计、实习、毕业论文（设计）、创新训练、社会实践等。这些活动不仅是课程的延伸，更是学生全面发展和实际应用能力的关键。

我们的课程体系不仅关注学生的专业知识，还强调培养他们的专业核心能力、公安实战基本能力以及解决实际问题的综合能力。实践教学不仅是一种教育方式，更是使学生在真实环境中学以致用的机会。

此外，我们建立了校局合作和协同育人机制，确保学校与实际警务部门之间的深度合作。我们坚信这种系统化的实践教育将有助于学生成为更有竞争力、更富实践经验的专业人才，为构建和谐社会和保障国家安全做出卓越的贡献。这些实践教学环节也被纳入学业考评，以确保学生成绩的全面评估。

第四节 刑事科学技术专业课程思政建设的必要性分析

一、推动刑事科学技术专业课程思政建设是落实高校思想政治工作的需要

近年来，高校的思想政治工作经历了创新和发展，受到党的十八大以来的一系列重要讲话和方向的指引，其中包括习近平总书记在党的重要会议和全国高校思想政治工作会议上的论述。这些指导思想和方向为高校思想政治工作的科学发展提供了指导。

在高校中，课程是一项重要的教学活动。课程不仅是传授知识的工具，还是培养能力和进行思想政治教育的有力途径。尤其对于公安院校，其使命是为人民服务、为社会服务。在这一背景下，刑事科学技术课程作为公安院校学生的主要学科之一，具有重要的思想和政治教育功能。

教师在这一过程中扮演着至关重要的角色。他们应该善用课堂教学，深入挖掘和提炼课程中蕴含的思想价值和精神内涵，并将其有机融入教学中。这不仅是为了传授专业知识，更是为了激发学生对公安工作的认同感、使命感和自信心。

因此，教师在公安院校负有主体责任，他们不仅是知识的传递者，更是思想政治工作的实施者。通过这种方式，他们可以培养出具有坚定信仰和社会责任感的专业人才，为构建和谐社会和保障国家安全做出卓越的贡献。这种课程思政工作将有助于学生成为更有使命感和社会责任感的公安从业者。

二、推动刑事科学技术专业课程思政建设是培育公安学警的需要

公安院校在公安机关中扮演着重要的角色，因为它们培养的学生是未来公安队伍的重要后备力量。这些学生需要具备坚定的情感、对人民的深厚感情、对社会的责任感、对国家的忠诚。只有这样，他们才能胜任"铁一般的理想信念、铁一般的责任担当、铁一般的过硬本领、铁一般的纪律作风"所需的职责，成为公安事业的杰出接班人。

在这一背景下，课程教学成为培养高素质公安人才的主要途径。刑事科学技术课程，作为公安院校的专业必修课，具有特殊的重要性。在课堂教学中，教师将思政元素贯穿于通常的刑事科学技术项目的基础知识和技能讲解中。这有助于培养学生的职业技能和职业素养，引导他们树立正确的世界观、人生观和价值观。同时，它有助于学生坚定地认同"公安姓党"的政治属性，强化他们的责任感和使命感。

这样的课程思政工作不仅提高了学生的专业技能，还确保他们在日后的公安工作中能够秉持高尚的品德和强烈的社会责任感，成为为维护公共安全和社会稳定不懈努力的公安从业者。

三、推动刑事科学技术专业课程思政建设是拓展课堂教学建设的需要

刑事科学技术课程旨在教授学生关于刑事科学技术的基本原理和知识，通过课堂实验使他们掌握公安工作中常用的刑事科学技术技能。然而，这门课程内容十分广泛，学生来自多个专业，其知识背景存在差异。

　　因此，进行教学改革以增加课程的广度、深度和质量显得尤为必要。教师在致力于传授刑事科学技术知识和技能的同时，应全面挖掘思政元素，并将这些元素融入课程的教学目标设计、教学方法改进、课程内容完善以及教学效果评价等方面。这种做法不仅提升了课程的专业性，还增加了其人文性，使学生更好地理解和内化课程所传达的思想价值和社会责任。

第五章 刑事科学技术专业课程思政建设的法治意识基础

第一节 "德才兼备"在刑事执法课程教学改革中的理论意蕴

刑法学的教学方法必须与培养目标相一致，而这些培养目标与国家和社会的发展需求密切相关。特别是在中国特色社会主义法治建设的背景下，习近平总书记强调了法治人才培养的重要性，明确指出必须建立一支德才兼备的高素质法治队伍。这个"德才兼备"不仅是确保法治工作有效推进的保障，也是适应新时期各种法治挑战的需求。对于刑法学，这一要求在教学改革中具体包括如下几点：其一，强调法治伦理。培养学生具备高尚道德品质，强调遵守法律法规，热爱祖国，关心社会，具备法治伦理的觉悟和责任感。其二，注重专业素养。培养学生对刑法学科的深刻理解，具备扎实的专业知识，能够运用法律知识解决实际问题。其三，强化实践能力。鼓励学生积极参与实际案例分析、模拟法庭等实践活动，提高其实际运用法律知识的能力。其四，培养综合素质。关注学生的思想政治教育，引导他们树立正确的法治观念，懂得如何在法治框架下履行社会责任。

总之，"德才兼备"的法治人才培养目标要求刑法学教育更加注重学生的道德伦理教育、法律专业知识、实践能力以及思想政治教育，以培养出能够胜任未来法治工作的高素质专业人才。

一、应对刑事法治风险变化的专业能力

在新时期，培养刑法学专业人才的目标已经发生了深刻的变化。现代社会的机会和挑战要求我们重新定义"才"的概念，为刑法学专业人才赋予更多含义。根据实践需求，这种多元化的"才"至少包括以下三个方面。

（一）精于刑事实践

刑法学是源自刑事法治实践的学科，因此，刑法学专业人才需要具备精湛的刑法学专业知识和能力，能够熟练运用这些知识解决刑法领域的实际问题。无论他们在全

国人大等立法机关，检察院、法院等司法机关，律师事务所等法律服务机构，或者政法院校和科研机构从事理论研究与法学教育，都需要精通刑事法治实践。

（二）达于犯罪治理

刑法学专业人才的核心职责是参与犯罪治理，这意味着刑法学专业人才要了解刑事审判，还需要了解犯罪学、刑事政策学和刑事执行学等领域的知识。这些知识使他们能够深刻理解刑法规范的原理，准确把握刑事手段在犯罪治理中的角色，以及刑罚运用的时机和强度。

（三）通于社会管理

犯罪只是社会问题的一个方面，刑法学专业人才需要在宏观社会管理体系中考虑犯罪预防和惩治工作。预防和打击犯罪是国家社会管理的重要任务，刑法学专业人才需要具备更广泛的视野，了解社会管理中的各种知识领域，以更好地参与社会管理工作。

总而言之，新时期的刑法学专业人才培养目标需要注重知识的多元性，提高专业素养，以胜任复杂的法治实践工作。这包括精通刑法学、了解犯罪治理相关领域，以及在社会管理中具备广泛的知识背景。这样的人才才能够更好地满足现代社会对刑法学专业人才的要求。

二、传承刑事法治建设精髓的道德素养

习近平总书记强调了法治中的道德精神，将道德与法律融为一体。在刑事法治建设中，如果我们仅仅强调法律的强制性而忽视道德，将难以实现真正的善治与长治久安。在法律规范的制定和执行过程中，有机地融入道德元素是至关重要的。

中国的犯罪形势和刑事法治实践不断变化，但中国的优秀法治道德传统是稳定不变的。这一传统根植于中国社会，是中国特色刑事法治的核心。因此，刑法学专业人才需要传承和弘扬这一优秀道德传统，以在中国特色刑事法治建设中发挥关键作用。

道德素养的含义可以从两个方面来理解：

（一）基本要求

中华民族有着悠久的文化传统，包括丰富的法治道德传统。这些传统是法治建设的根基，刑法学专业人才应当全面理解并掌握这一宝贵遗产。

（二）核心要求

习近平法治思想是中国优秀法治道德传统的集成和升华。习近平同志通过深入研究中国传统法治文明和法治思想，提炼出其核心精髓，并将其运用于现代法治实践。

因此，刑法学专业人才需要深刻理解习近平法治思想，以满足"德才兼备"的道德要求。

总之，道德在法治中扮演着不可或缺的角色，法治的发展需要有着高度的道德素养的刑法学专业人才，他们能够传承优秀道德传统，同时理解和运用习近平法治思想，实现法治与道德的共同进步。这对于构建中国特色社会主义法治体系至关重要。

三、兼具专业能力与道德素养且二者有机结合

"德"与"才"并重，是培养"德才兼备"的刑法学专业人才的基础。同时，"兼备"则是其核心，也是中国未来刑法学教育改革的最终目标。在追求这个目标时，我们应注意以下几个关键问题：

（一）强调"德"和"才"同等重要，不可偏废

尽管中国的法学教育蓬勃发展，培养了众多拥有专业知识的高素质刑法学专业人才，但我们需要强化道德素养的培养，以满足"德才兼备"的要求。

（二）对"德"和"才"都要提出较高要求，而不是简单满足表面要求

"德才兼备"不仅要求专业人才在"德"和"才"两方面都有一定的水平，还需要在这两个方面都达到高水平。这确保了他们不仅具备解决专业问题的能力，还有道德基础来保持初心，为刑事法治建设做出真正的贡献。

（三）深度融合"德"和"才"，形成有机整体

"德"和"才"互相依赖，密切相关。虽然在属性上有所不同，但它们之间有内在的一致性。学生必须将道德素养与专业能力有机结合起来，以确保在解决刑法问题时考虑到道德因素，使道德素养对问题的解决发挥作用。因此，未来刑法学改革的关键在于如何将"德"要求融入刑法教学过程中，确保学生在专业知识和道德素养之间形成完整的统一。这有助于培养出能够应对刑事法治建设新挑战的专业人才。

第二节　刑事诉讼法学课程开展课程思政教学的优势

在 2020 年 6 月，教育部发布的《高等学校课程思政建设指导纲要》明确提出，要在全国范围内全面推进高校的课程思政建设。具体到法学专业，其中的刑事诉讼法课程一直占据着核心地位。这一课程不仅在 1998 年的法学专业 14 门核心课程体系中被确认为重要课程，还在后续的 16 门核心课程体系以及"10+X"和"1+10+X"核心课程体系中都占有显要地位。从课程思政建设的角度来看，刑事诉讼法学课程本身

具备三大优势：这门课程在法学专业中具有扎实的学科基础，能够为学生提供法律体系和刑事司法程序的核心知识。通过案例分析、模拟法庭审定等互动教学形式，这门课程有助于培养学生分析和解决问题的能力，同时也强化了学生法律实践技能。刑事诉讼法学课程与法律从业者具有直接职业关联。学生通过深入理解刑事诉讼程序，可以更好地适应未来的法律职业生涯。因此，从教育部关于课程思政建设的精神和要求来看，开展刑事诉讼法学课程思政教育具有重要的合理性和必要性。这不仅有助于学生法律素养的提高，还有助于他们在未来的法律职业中担任更重要的角色。

一、开展课程思政的基础优势

刑事诉讼法课程不仅是高校法学专业的必修课程，更是法学领域中的核心课程之一，是一门将刑事诉讼法作为主要研究对象的重要学科。这门课程有着悠久的历史，与国家法律体系的形成和发展密切相关，其在法学专业中的地位与重要性不言而喻。

刑事诉讼法学课程的领域特色为课程思政提供了独特的优势。它的教学内容涵盖国家安全、社会公共安全、社会主义社会秩序等广泛领域，反映了国家权力与个体公民权利之间的相互关系。这种权利的交互和平衡是课程思政的焦点。举例而言，我国刑事诉讼结构在不同历史时期经历了不同的演变，从强调职权主义模式到职权与当事人主义模式的融合，反映出国家权力与公民权利的平衡与调整。这正是课程思政应该积极关注的问题，因为它反映了法治精神和国家治理的重要方面。

此外，刑事诉讼法学课程的编写特色为课程思政提供了理论支撑。随着中国法学教育的蓬勃发展，特别是在马克思主义理论研究和建设工程的推动下，各学科开始制定相应的马克思主义理论研究工程教材。在这一过程中，刑事诉讼法学作为核心主干课程，融入了马克思主义理论与刑事诉讼的关联，为教材体系的建设提供了宝贵的经验。这一教材体系的特点为刑事诉讼法学课程在课程思政中的内容提供了坚实的理论基础。

总的来说，刑事诉讼法学课程的重要性及其特色，使其在实施课程思政时拥有不可忽视的价值。这一课程不仅具有历史渊源，也反映了国家权力与公民权利的协调与平衡，同时，其理论体系也与马克思主义理论有机融合，为高校的法学专业提供了丰富的教材资源。这种独特的特色使得刑事诉讼法学课程在教育部提出的"推进习近平新时代中国特色社会主义思想进教材进课堂进头脑"的目标中具有独特的地位和价值。此外，该课程教材获得的奖项也印证了其在教育领域的卓越贡献。

刑事诉讼法学课程独具人权特色，这使其在进行课程思政时拥有特殊地位和优势。在所有法学专业课程中，这门课程最为突出地反映了国家权力与公民个体权利之间的对抗，是充分展现人权保障特色的法律学科。

这种特色可以追溯到中国宪法修订的关键时刻。2004年，中国宪法中增加了"国家尊重和保障人权"条款，而在基本法层面，《中华人民共和国刑事诉讼法》是最早将"尊重和保障人权"列为法律原则之一的法律（2012年）。全球范围内的民主法治体系中，刑事诉讼法普遍规定了各种旨在保障人权的原则、制度和程序，旨在将国家对犯罪处罚权力的行使置于制度监督之下。这表明刑事诉讼法是国家法律体系中保障人权的重要组成部分。

德国学者认为，刑罚代表了国家对个人自由的侵犯，因此成为法律上最具争议性的领域之一。法律所进行的权益平衡决策反映出在考虑国家与个人关系时，刑事诉讼法成为国家宪法的"地震仪"。在美国，联邦宪法中的大部分权利法案专门保障了刑事被告在刑事程序中的权利。尽管人权法案起初只是宪法的抽象条文，与具体的刑事诉讼实践关系不大，但在20世纪60年代之后，美国联邦最高法院通过一系列裁决，将人权法案的一部分哲学和法理应用到各州的刑事案件中。这个过程被称为"正当程序的革命"，或者称为刑事诉讼法的宪法化。这表明刑事诉讼法在国家法律体系中具有特殊地位和人权特色，这种地位和特色是进行课程思政的理想领域。

二、开展课程思政的形式优势

刑事诉讼法学课程之所以在进行课程思政时具备特殊地位和优势，除了前面提到的领域特色、编写特色和人权特色之外，还与其在整个法学体系中的地位以及实践性、程序性特点有关。

首先，该课程在法学专业中的地位决定了其在课程思政中的核心优势。作为高校法学专业的核心必修课程，其教学内容主要围绕着刑事诉讼法典展开，而这部法典在国家法律体系中拥有特殊地位。根据我国宪法规定，制定和修改刑事、民事、国家机构等基本法律属于全国人民代表大会的权力范畴。这表明国家对该法律的重视和期望，因此，刑事诉讼法学课程在法学专业中的地位显得极为重要。按照中央提出的"三全育人"方针，课程思政应该全员、全程、全方位贯穿于整个教育过程。因此，研究基本法的刑事诉讼法学课程在引领课程思政方面具有绝对的核心地位。

刑事诉讼法学课程在进行课程思政时，具备强大的实践性和程序性特点，这些特点不仅增加了课程的吸引力，还提供了丰富的教学机会。这些特点可以引导学生更深入地理解法律的应用和背后的原则，以及如何将法律与社会现实相结合。

实践性特点为学生提供了机会，让他们直接参与到刑事诉讼实践中。通过模拟法庭、模拟审讯等活动，学生可以扮演法官、检察官、律师或被告，亲身体验刑事诉讼过程。这种实践性教学不仅有助于学生掌握法律知识，还培养了其解决实际问题的能力。此外，引用国内外相关案例也使学生能够了解法律在不同文化和国家之间的差异，有助于培养跨文化的视野和综合素养。

其次，程序性特点使刑事诉讼法学课程成为一个充满活力和灵活性的学科。不同于传统的法律学科，这门课程更加注重具体的诉讼程序，而不仅是法律的理论背景。这为教师提供了丰富多样的教学方式，包括模拟案例分析、法庭辩论和真实案例研究等。通过这些多元化的教学方法，教师可以激发学生的创造性思维，引导他们深入思考法律的实际运用。

最后，这些特点使刑事诉讼法学课程成为一个具有广泛参与度的学科。学生可以积极参与角色扮演和模拟活动，亲身感受法律背后的道德和伦理考量。这种课程思政的方式有助于将法律与社会价值观相结合，使学生更好地理解法律对社会的重要性。同时，灵活的教学方式也使学生更容易接触不同层面和领域的法律问题，帮助他们更全面地理解法律的多样性和适用性。

总之，刑事诉讼法学课程的实践性和程序性特点为课程思政提供了广泛的空间，激发了学生对法律的兴趣，培养了他们的批判性思维和解决问题的能力，使他们更好地理解法律的社会作用和价值。这门课程成为了法学专业中的一门重要课程，不仅教授法律知识，还传递法律的精神和价值观，为培养有道德情操和实践能力的法学专业人才提供了坚实基础。

三、开展课程思政的职业优势

刑事诉讼法学课程在进行课程思政时，凭借其职业理想和职业道德教育的深入，以及其职业关联性和职业伦理性，拥有广泛的影响力范围和教育重心。

首先，这门课程深化了职业理想和职业道德教育。法律领域的职业伦理和道德要求极高，需要从学生入学时就开始培养这些职业道德观念。在刑事诉讼法学课堂上，学生不仅学到了刑事诉讼的法律程序，还受到了职业道德和伦理方面的教育。他们理解了法官、检察官、警察、律师等法律职业的责任和道德要求，以及如何维护公平、正义和人权。这有助于增强学生的职业责任感和对法律职业的尊重，培养了遵纪守法、爱岗敬业、无私奉献、诚实守信、公道办事、开拓创新的职业品格和行为习惯。

其次，这门课程的职业关联性为课程思政提供了更广泛的影响力范围。考虑到刑事诉讼法学课程与国家机关、司法岗位以及法律职业的广泛涉及，这门课程可以直接进行职业道德和伦理教育，无须额外的教学设计。学生在这个课程中深刻理解法律职业的责任和伦理要求，这将对未来成为法官、检察官、警察、律师等法律从业人员的职业态度产生深远影响。这也在教育中体现了全员、全程、全方位的特点，符合课程思政的宗旨。

最后，这门课程的职业伦理性使课程思政的教育重心更加集中。考虑到刑事诉讼法学课程涵盖的法律职业种类和形式最多，包括法官、检察官、警察、律师等，以及伦理道德的要求，这门课程成为职业伦理教育的重要载体。例如，在刑事诉讼法学课程中，学生可以学到法官的公正、检察官的尽职、警察的法治思维、律师的诚信，这些是法律职业不可或缺的伦理要求。这使得课程思政的教育重点更加集中，从而更好地传达法律职业伦理的核心理念。

总之，刑事诉讼法学课程在职业理想和职业道德教育方面拥有广泛的范围、深度和重心，不仅传授法律知识，还为学生树立正确的法律伦理观念，培养他们成为遵纪守法、爱岗敬业、无私奉献、诚实守信、公道办事、开拓创新的法律从业人员。这有助于确保我国法治队伍维持较高素质和道德水准。

第三节　刑事科学技术专业人才刑事执法意识的培养

一、刑法与思政教育融合的方法与实践

（一）刑法学课程与思政教育相融合的基本思路

课程思政是一项崭新的教育理念，着眼于培养何种人、为谁培养人以及怎样培养人等重大理论与实践问题。在高等学校，这一理念逐渐推广并实施，以立德树人为核心目标，推动专业课程与思政理论的互相融合。在课程思政建设中，课程本身是基础，思政理念是根本，课堂是重点，教师是关键，学生成效则是最终目标。尤其值得强调的是，仅仅依赖思政课程已经难以满足现实思想政治工作的需求和立德树人目标的实现。因此，如何有机地将专业课程与思政教育结合起来，是高校教师面临的一项重大挑战。为此，本课题组通过自身的教学实践，聚焦于提升法学人才培养能力，深入探讨了法学专业课程与思想政治教育融合的方法和措施，积极响应了党和国家对高等教育的要求。

刑法学课程通常分为总论和分论，总论包括刑法绪论、犯罪构成论、罪数论、刑事责任论、刑罚论等内容，其中犯罪构成论是一个关键知识节点。分论则涵盖了各种不同的罪名，按法益重要性进行排序。刑法规定涉及人的自由和生命，因此非常重要，可以很好地体现我国刑事立法对犯罪行为的严惩和对公民的人文关怀。建设刑法学思政课程，侧重于学习中国刑法中的犯罪和刑罚规定，重新安排讲授顺序以更好地反映在实际生活中各章节所涉及"罪名"的常见程度。这样的教学方式使课程更具重点，易于实际应用，不仅增进了学生的理论知识，还有助于他们更好地理解实际问题。

刑法涉及人的自由和生命，涵盖了"公平"和"正义"等重要社会主义法律价值观。通过刑法教育，我们能够将社会主义法律价值观引导到具体的知识点，使课程成为塑

造和完善意识形态领域的工具。通过这一课程，社会主义法律的核心价值观将渗透其中，促使"刑法知识传授"与"法律价值引领"紧密结合，最终达到培养"德法兼修"的社会主义法律人才的目标。这不仅在法学专业中具有重要意义，也有助于全面提升法学人才的素质和社会责任感。

（二）刑法学课程与思政教育相融合的主要方法

1. 历史分析法——将刑事立法脉络与思政内涵发展相融合

我国刑事立法的演进历程呈现出一些显著特点。首先，在立法理念方面，由注重秩序转向秩序与自由并重。这反映了在刑事立法发展中，为解决秩序与自由的关系问题，刑法理念经历了不同的阶段，从早期主要强调维护社会秩序，到后来开始注重保护个体自由。1997 年颁布的《中华人民共和国刑法》明确规定了罪刑法定原则，取消了有罪类推，同时扩大了特殊群体犯罪处罚从宽的范围，以更好地平衡秩序和自由的价值。

其次，在刑事立法内容上，出现了体系化和科学化的明显趋势。现代刑事立法不仅追求惩治犯罪，还重视保护人权和被害人的权益。罪名设置得更加完善，使犯罪无法逃脱法律的制裁。这体现了我国刑事立法日益健全的特点。

最后，从立法技术角度来看，出现了从粗疏到精细的变化。立法技术的提高反映了国家的刑法水平。在 1997 年修订《中华人民共和国刑法》之前，我国的立法主要采取加重刑罚力度和增加新罪名的方式来处理新出现的犯罪问题。然而，这使得刑法规范显得分散，规则之间缺乏协调，甚至存在矛盾。1997 年的修订引入了更加精细的立法技术，使刑法用语更规范，为不同情形下的刑罚适用规定了明确的范围，以更好地满足罪责刑相适应原则的要求。

总之，我国刑事立法的发展脉络反映了法治水平的提高和国民基本权利意识的增强。这与思政教育中培养中国特色社会主义法治理念和爱国主义情感的目标高度契合，有助于塑造法治观念和加强法律意识。

2. 体系分析法——在中国特色社会主义法律体系中掌握刑法知识

自中共第十八届党中央提出全面依法治国以来，中国特色社会主义法律体系的发展取得了显著的进展。这进一步强调了全面依法治国的实践，尤其在中共第十九届党中央的领导下，我国不断推动中国特色社会主义法律体系建设。具有历史性重要性的事件是 2021 年 1 月 1 日《中华人民共和国民法典》正式生效，这标志着我国法律体系的巨大飞跃。

中国特色社会主义法律体系的发展，除了在部门法之间加强逻辑关系外，还表现为刑法的持续调整与完善。刑法作为维护社会秩序和保护公民权益的最后一道屏障，需要不断修改以适应社会发展和新兴问题的法律要求。举例而言，对于商业秘密犯罪的修改，以修订《中华人民共和国反不正当竞争法》为例，消除了之前刑法在应对侵犯商业秘密问题上的漏洞。这种法律修订不仅有利于惩治商业犯罪，还通过优化刑法与其他部门法的衔接，为法律体系的完善奠定了基础。

在学习刑法结构和知识的过程中，学生也逐渐培养了法治意识。他们认识到刑法作为社会治理的工具是如何与其他法律法规相互交织的，以实现社会秩序和公民权益的平衡。这有助于塑造学生的法治观念，加强对法律体系的理解，并为未来的法律实践和公民责任感的培养打下坚实的基础。

3.案例分析法——在典型案例中领会社会主义刑法的人文关怀

英国大法官霍姆斯曾强调法律的生命依赖于经验而非仅仅逻辑推理。这也适用于法学教育，特别是刑法领域，因为刑法关乎人的生命和自由，与公平和正义紧密相连。如哲学家培根所言，一次不公正的审判可能带来比十次犯罪更为严重的后果。这强调了刑事司法公正的重要性，因为缺乏公信力的刑事司法将对社会的和谐和稳定产生负面影响。

在刑法学课程中，案例分析的教学活动是至关重要的。这有助于学生深入了解法律的实际应用，同时通过案例的剖析，学生可以掌握搜集法律资料的技能和方法。特别是在翻转课堂教学的模式下，学生将更主动地探讨案例中的法律依据和刑法规范。举例来说，2018年至2019年山东省高等学历数据清查工作中揭示的"冒名顶替"案例，此类案例在刑法立法中备受关注。冒名顶替现象牵涉到多方，从滥用职权、行贿受贿，到个体权益被侵犯，其影响广泛而严重。刑法修正案的引入填补了之前的法律空白，为追究涉及人员的刑事责任提供了法律依据，同时，这一修正案也充分体现了法治的人文关怀。因此，刑事案例对于刑法的发展和完善起到了关键的推动作用，为法律与社会的和谐互动做出了积极贡献。

（三）刑法学课程与思政教育相融合的教学实践

1.刑法知识与社会核心价值观贯穿教学始终

在教授刑法总论时，我们强调探讨中国刑法的发展历程和基本原则，以传达中国依法治国的理念和方式，凸显中国特色社会主义的制度优势和人文关怀。在教学中，我们解析中国刑法的不断进步，如明确废除了非人道的刑罚方式、逐渐减少死刑罪名，以及刑事程序法中非法证据排除规定的逐步完善。这体现了李斯特所说的"刑法是犯罪人的大宪章"，强调刑法应以行为人为核心，避免滥用刑罚权力。

在刑法学课程中，我们采用了教改课题研究成果，结合翻转式教学和传统讲授，鼓励学生主动学习刑法知识和思政内容，使他们更深刻地理解我国国情和刑法的人文关怀。学生首先掌握刑法的核心原则、基本概念和知识结构，然后通过教师的引导，深入探讨刑事立法中的经济、道德、人文等方面的因素。这有助于学生更清晰地理解刑法的背后含义，并鼓励他们积极参与普法实践，将理论知识与实际情况相结合。这种教学方法帮助学生更深入地思考和体验刑法的人文内涵。

2.刑法制度与"四个自信"的有机联系侧重于比较法教学环节

法学专业课程中，通过比较分析不同国家之间的刑事立法是一个关键环节。在刑法学课程中，一些域外国家在特定犯罪领域的法规制定较早，这为我国刑法学生提供了宝贵的学习机会。以我国刑法中的"侵犯公民个人信息犯罪"为例，德国和美国在个人信息保护方面的法律研究相对成熟。通过比较国内外相关法律的异同，学生可以更好地理解不同国家在法益保护上的重点和侧重点，从而更全面地了解刑事立法和治理。

总之，通过比较中外刑事立法，让学生客观、全面地分析不同国家、地区因文化传统、经济体制等原因而导致的立法差异，有助于学生更深入地了解中国特色社会主义法律制度的形成过程，同时巩固他们的"四个自信"。此外，对于在比较中外刑事立法异同中涉及的问题，如死刑废除、堕胎犯罪化和国家安全犯罪等，应重点教授不同国家法律规范背后的经济、文化和社会因素。这有助于学生理解影响刑事立法的多种因素，避免专业知识的片面性，为思政教育提供更全面的视角。

3.刑法案例教学环节关注中国传统文化的现实影响

在法学专业领域，刑法课程具有特殊的重要性，因为它关乎社会公平、正义和个人权益的保护。为了更有效地教授刑法，采用翻转教学和案例分析成为教育领域中的关键方法。翻转教学方法打破了传统课堂的单向讲授模式。它要求学生在课前通过阅读材料、观看视频或进行在线研究来获得基本知识。然后，课堂时间用于深入讨论、案例分析和问题解决。这种方法使学生更加积极地参与学习，促进了他们的主动思考和理解。案例分析是刑法教育中的核心部分。通过选择典型的案例，如代孕案中的遗弃问题，学生可以更好地理解刑法规范的实际应用。他们将学习如何运用法律思维来分析复杂的社会现象，包括法律依据、道德因素和伦理考量。这有助于培养他们的法律思维和问题解决能力，而不仅是机械地记住法律概念。

选择代孕案例作为教学材料具有重要的现实意义。代孕问题在当代社会引起了广泛的争议和讨论。通过案例分析，学生可以了解这一社会现象的法律地位和伦理考量。他们将能够思考如何应对这类问题，以及未来可能的法律发展趋势。采用翻转教学和案例分析方法在刑法课程中有助于学生更深入地理解刑法的理论和实际应用，同时培养他们的法律思维和问题解决能力。这种教育方法有助于将刑法教育与思政教育相结合，更好地传递社会主义法治理念，以应对当代社会复杂的法律和伦理挑战。

首先，通过引导学生翻阅相关文献，包括国内外法律规定和判决，学生能够深入了解代孕的法律地位。这帮助他们理解我国法律对代孕的态度以及可能涉及的刑事责任。这种主动的学习方式鼓励学生积极参与信息搜集和分析，培养他们对法律文本的敏感性。

其次，案例分析可以引导学生深入探讨代孕现象的成因和未来法律发展趋势。学生将了解代孕现象的根本问题，并思考如何通过法律手段来解决这些问题。这有助于培养学生的社会分析能力，使他们能够从多个角度看待复杂的社会问题。

最重要的是，这种教学方法旨在帮助学生形成独立的法治思维。他们不只是被动接受法律知识，还能够主动运用法律思维解决实际问题。这有助于他们更好地理解和应用刑法，同时传递社会主义法治理念。通过这种方式，学生能够更好地理解刑法不仅是一种法律规范，还是一种社会管理工具，与社会伦理和价值观息息相关。

总之，案例分析是一种深度教学方法，能够提高学生的法律理解和分析能力。在刑法课程中，选择有关代孕案例的讨论有助于学生深入理解法律背后的伦理和道德考量，培养独立的法治思维。这有助于将刑法教育与思政教育相结合，更好地传递社会主义法治理念。

4.延伸刑法课堂范围促使"全课程育人"格局的实现

加强法治教育和法学专业培养需要深化学生的法治信仰，使其真正内化社会主义法治理念。这可通过实际观摩刑事案件和与法律从业者互动实现。学生参与法庭程序和法律实践将帮助他们形成深刻的社会主义法治思维方式。此外，在拓展刑法教学范围方面，建立高校与司法实践部门的密切合作关系，鼓励学生积极参与法律社团、法律讲座等活动，以营造校园内浓厚的法治氛围，激发学生对法律的浓烈兴趣。

在这一过程中，学生将有机会处理校园内的法律问题，例如处理暴力事件或非法借贷纠纷，从而增强法律意识和培养法律应对技能。通过毕业后的回访，了解学生在实际工作中所面临的刑法相关问题，可以不断改进刑法课程大纲，确保学生在法律职业中具备坚定的社会主义法治价值观，理解法官、检察官和律师在法治体系中的关键作用，积极投身社会法治建设，为维护社会公平正义贡献力量。这一综合性教育方法有助于塑造法学专业学生的法治信仰，使其成为社会主义法治的忠实实践者。

二、刑事诉讼法与思政教育整合的方法与实践

（一）刑事诉讼法课程思政的教学体系设计

1.针对刑事诉讼法的特性，确立教学目标的时候，有两方面的考虑。一方面，该课程涵盖刑事程序法的基础知识和相关理论，表现出丰富的内涵和独立的价值。另一方面，刑事诉讼法的目标和任务排列强调了它在整个刑事法律体系中的重要性，旨在培养刑事法律思维和程序法工具的应用。因此，在教学目标的设定中，我们应以程序公正、公平正义为核心，将刑事诉讼法的独立价值与实际工具价值相结合，以帮助学

生树立程序正义和法定程序的观念。这不仅符合程序法学的教学要求，还将思政教育融入法学专业教育中。

2. 根据课程大纲的设置，将思政元素有机地融入刑事诉讼法课程的教学内容。刑事诉讼法的课程内容包括刑事诉讼法的概述和历史发展、刑事诉讼中的主体、刑事诉讼基本原则、刑事诉讼基本制度、刑事证据、强制措施、附带民事诉讼、普通诉讼程序和特别程序。鉴于各章节的特点，我们可以采用不同的教学方法，将思政元素有机融入教学。

教学中，强调以案释法，通晓事理。以案例分析的方式，引入类似天津市某工程有限公司张某某的案例，该案涉及单位行贿罪，为了维护重要工程项目的推进和避免经营风险，检察机关决定对张某某采取取保候审措施。这个案例有助于学生深刻理解刑事保护非公有制经济的现实价值，以及政策中的平等法治精神，即在依法执法的前提下，用公正和谦抑的法治原则来保护非公有制经济的发展。通过这种案例教学，学生将更好地理解法治对营商环境的重要性，以及如何平衡刑事正义、经济发展和社会和谐的关系。

这种教学方法不仅有助于学生理论水平的提高，还培养了法治思维和法律伦理的应用。学生将认识到刑事法律不仅是一种法规，更是社会运行的调节器。教育机构可以通过更多这样的案例引导学生在刑事法律领域培养更多的公平正义意识，促使他们在未来的法律实践中更好地维护社会主义法治价值观。这也符合习近平总书记提出的"法治是最好的营商环境"的理念，为法学专业人才培养提供了更加实际的案例和教育背景。

在刑事诉讼法的教学过程中，学生可以寻找榜样，汲取正能量。举例来说，在探讨未成年人刑事诉讼法程序时，教师可以分享像刘浩东法官这样的楷模事迹。刘浩东法官审理了一起校园欺凌刑事案件，该案成为"正苗工程"20周年保护未成年人合法权益典型案例。在处理此案时，刘法官坚守"以人为本"的思想，秉承"未成年人利益最大化"的理念，以及"教育、感化、挽救"的原则。他强调了犯罪的特异性处理，体现了实质的刑法面前人人平等原则。通过这一案例，学生可以学到如何弘扬社会主义核心价值观，实现犯罪的根源预防，以及如何将思想政治教育和法治教育有机统一。

此外，品读经典文献也是培养学生法治思维和价值观的有效方法。在刑事诉讼法的教学设计中，教师可以引入具有课程思政元素的文献，作为学生参考书目的一部分。选择近年来具有重大社会影响力的学术论文，特别是经典之作，如贝卡里亚的《论犯罪与刑罚》，这些文献体现了刑事程序法的重要思想，如无罪推定、程序理性、程序公开等。通过阅读经典著作，学生可以了解法学领域的历史演进，培养阅读和分析能力，激发责任感和使命感，从而更好地理解法治的价值和作用。

这样的教育方法有助于学生在法学领域形成更加综合和深刻的法治思维方式，提高他们对社会主义法治理念的理解，培养法治伦理和道德观。通过学习榜样的事迹和品读经典文献，学生将更好地准备自己成为未来的法律从业者，为社会法治建设做出积极贡献。

3. 紧密联系社会需求，构建和培养一支专业的刑事诉讼法课程教师团队。

刑事诉讼法课程的教学目标不仅在于传授法学知识，更注重学生思想道德素养的培养。为了实现这一目标，教学团队应当积极采用多方合作的方式，引入实务经验丰富的律师、法院法官等专业人士，不单依赖学校内部的教师资源。通过政府与学校、校企合作等方式，可以建立法治教育专业队伍，为学生提供专业化的培训和指导。这样的队伍在全面依法治国中扮演着至关重要的角色。他们既可以提供丰富的实践经验，也能够分享最新的法律理论和实务动态。通过与专业人士的互动学习，学生将更加深入地了解刑事诉讼实践，培养判断和解决实际问题的能力。此外，建立校内法治教育研究中心或者类似的组织也是一个很好的举措。这个中心可以成为学生学习、讨论法律问题的平台，同时也是教师们进行法律研究的基地。通过这样的机构，可以促使学校在法治教育方面保持学科前沿和实践创新。这样的合作与资源整合，不仅可以提升刑事诉讼法课程的教学质量，也能够培养出更加全面发展、具备实践能力的法学人才。同时，这些措施也为学生毕业后更快速地融入法律职业提供了有力支持，为社会法治建设做出积极贡献。

（二）课程思政融入刑事诉讼法课程教学的实践探索

刑事诉讼法课程思政的发展可以采用多种创新教学方法。首先，通过线上线下融合教学法，将刑事诉讼法的思政教育融入不同的学习渠道。在线下课堂中，教师可以引入与新冠疫情相关的犯罪案例，通过视频、弹幕讨论等方式，激发学生的积极性，同时培养他们的抗疫精神和家国情怀。此外，融合各种教育资源，如法律人工智能、模拟法庭等，打造一个多元化的教学体系。

其次，启发式教学法可被采用，结合理论教学、问题讨论和案例分析，使课堂更生动。理论教学应该为实际案例提供基础理论知识，然后学生可以进行案例分析、社会实践或撰写小论文，以将理论知识应用于实际问题。例如，通过国产电视剧《决胜法庭》引出刑事诉讼法的基本理念，培养学生的法律职业素养。

最后，比较分析法也是一种有效的教学方法。通过比较国内外新冠疫情防控政策和效果，以及数据展示，让学生深刻理解我国在疫情抗击中所做出的巨大努力，强调我国社会主义制度的优越性。这有助于激发学生的民族自豪感，培养他们的制度自信。

（三）建立课程思政融入刑事诉讼法课程效果评价体系

综合的双重价值评价体系在刑事诉讼法课程思政中扮演着至关重要的角色，旨在确保教师和学生充分参与并受益，同时实现课程思政的目标。

（1）学生对刑事诉讼法知识的掌握程度：这是评价的核心。学生在刑事诉讼法领域的知识深度和广度应不断提升，以更全面、深刻地理解该领域的相关概念和法律原则。他们的考试成绩、课堂参与情况、作业质量等都应该被纳入评估。

（2）法律文书的书写能力：在法律领域，书面表达至关重要。评估学生的法律文书，如法律论文、法庭文件，以及其书写和组织能力，能够反映他们的专业素养。

（3）技能证书的取得情况：学生是否成功获得了相关的法律技能证书，如法律实习证书或法律职业资格证书，可作为评估标准之一。这表明学生在实际应用方面的能力。

（4）参加毕业实习的态度和表现：学生在毕业实习中的表现是评估他们实践技能和职业素养的关键因素。这包括他们对工作的积极性、团队合作能力和法律伦理。

此外，综合评价应采用多元化的方法，如学校和教师的定期评估、学生的自我评估、同行评估等。这种全方位的评价方法有助于确保每位学生都有机会根据自身发展条件参与不同的活动，并在不同领域获得成就。这种评价体系有助于教师更好地了解学生的需求和进展，使课程思政更具针对性和效果，培养出更出色的法律专业人才。

在评价主体的角色分配中，学校领导、学院领导、教师、学生和用人单位各自扮演着关键的角色。学校领导和学院领导在课程思政的质量和效果方面起着监督和评价的重要作用。他们需要建立有效的评估体系，确保教学目标的达成和课程内容的实际应用性。

教师是课程思政的实施者，他们的教学方法、教学资源和教学态度直接影响学生的思想政治教育效果。因此，教师的教学质量和学术水平也应该成为评价的重要指标之一。

学生作为课程思政的受众，他们的参与和反馈是评价体系中不可或缺的一部分。通过问卷调查、座谈会等形式，学生可以表达他们对课程内容、教学方法和教师的看法，为课程改进提供有益建议。

最终，用人单位的评价是毕业生培养质量的重要标志。用人单位了解毕业生在思想政治方面的素养和实际应用能力，这些信息能够帮助学校更好地调整教学内容和方法，确保培养出适应现实工作需求的法律人才。用人单位的反馈可以为学校提供宝贵的参考，指导学校进行课程思政的教学改革，使课程更符合社会需求，更好地培养学生的综合素质。

在这一全面的评价体系下，学校领导发挥着战略引领作用。他们应该制订长远发展规划，确保课程思政与法学学科建设相互融合，促使教育理念与时俱进。学院领导则需要在具体实施中担任推动者的角色，激励教师探索创新的教学方法，以适应快速变化的社会需求。

教师作为知识的传授者和引路人，需要不断提升自身素养，积极参与学科建设，引领学生提高思想觉悟。通过与学生密切互动，建立起师生之间的信任和合作关系，使得思政课程不再仅仅是知识的灌输，更是学生价值观形成和人格发展的引导。

学生作为课程思政的受益者，也是主体之一，需要保持开放的心态，积极参与社会实践和课程设计，培养批判性思维和团队合作能力。通过学习刑事诉讼法课程思政，学生能够更好地理解社会正义，树立正确的法治观念，从而成为具备法律素养和社会责任感的公民。

用人单位的参与则使整个评价体系更具实际指导意义。他们了解毕业生的实际工作能力，为学校提供宝贵的反馈信息，帮助学校更好地调整课程内容和教学方法。这种紧密的校企合作，不仅提高了毕业生的就业竞争力，也使得课程思政更具实际应用性和社会影响力。

综上所述，课程思政的评价体系应该是一个多元化、综合性的体系，涵盖学校领导、学院领导、教师、学生和用人单位等多方面的参与。只有通过各方的合作与互动，建立起紧密的联系和互信，才能够确保教育的效果和质量，为国家现代化建设提供坚实的人才支持，培养出既有优秀法律知识，又具备高度社会责任感和创新能力的法律人才。

第六章　OBE 理念下刑事科学技术专业核心课课程思政元素的挖掘

第一节　原则与思路

一、总体原则

OBE 理念强调学习产出、学生关注和持续改进。它要求从学习成果出发,在课程、专业和学校层面进行目标导向的设计。这种设计过程的核心是教学目标,它支撑着专业和学院的人才培养目标。基于 OBE 理念的课程思政设计应该以人才培养目标中的课程思政目标为指导,逐层拆分至专业课程层面。然后,根据这些目标来确定学习方法、评价方式等教学手段。这种方法确保了教育的目标明确、教学内容的质量,以及学生的学习体验。

在刑事科学技术专业核心课程思政建设中,我们需要关注三个关键问题:首先,明确学生在专业核心课程思政中应该达到的学习成果及其原因;其次,探讨如何通过专业核心课程思政实践,有效帮助学生取得这些学习成果;最后,了解学生已经取得的学习成果及质量。这样的方法能够确保我们的教育目标明确、教学方法切实可行,同时也帮助我们更好地评估学生的学术表现和发展。

二、设计思路

(一)课程思政目标

我院刑事科学技术专业核心课程思政教学目标是根据学校的定位和人才培养方案而确定的。作为公安政法类地方本科应用型高校,我们以习近平新时代中国特色社会主义思想为指导,全面贯彻党的教育方针,旨在培养德智体美劳全面发展的中国特色社会主义合格建设者和人民公安事业可靠接班人。

在刑事科学技术专业的培养中,我们注重学生的社会责任感、法治意识、创新精神和警务实战能力的培养。我们致力于培养学生具备适应警务工作职业化、实战化要求的能力，包括熟悉相关政策法律和证据审核的基本要求，掌握刑事科学技术的基本理论、基本知识和基本技能。我们希望学生能够胜任基层公安机关刑事科学技术等部门工作，成为具有应用型核心能力和创新精神的人才。

因此，我们的课程思政目标可以概括为培养"对党忠诚、服务人民、执法公正、纪律严明"的公安铁军，以及具备"社会责任感、法治意识、创新精神和警务实战能力"的高素质应用型人才。这些目标不仅是对学生知识和技能的要求，更是对他们为国家和社会服务的责任和担当的期望。我们将通过课程设计和思政教育，引导学生在专业领域内发展自身优势，为维护社会安全、服务人民群众做出积极贡献。

刑事科学技术专业核心课程的内容包括现场勘查、刑事图像技术、痕迹物证检验、文件检验、法医检验技术、毒物与微量物证等多个知识和技能单元，涵盖了工学、理学、医学和文学等多个学科领域。在制定这些核心课程的思政目标时，我们将学院人才培养目标和专业培养目标中的思政要求作为核心，结合课程性质，明确定义了课程思政的具体目标，以确保学生在学习专业知识的同时，能够全面发展自身的社会责任感和法治意识。这种方法旨在为学生提供更为丰富的知识体系，培养其成为具备扎实专业知识和良好思想道德素养的人才。

（二）课程思政教学内容与方式

专业核心课程的设计目的在于帮助学生全面掌握本专业的基础知识和技能，这一点十分关键。在刑事科学技术专业中，课程思政的地位应该是与专业知识和技能教学相互融合的，而非占据主导地位。我们应该强调将思政教育贯穿于整个课程教学过程中，让其既体现在课程目标中，也贯穿于具体的知识点和教学方法中。这样一来，学生在学习专业知识和技能的同时，会自然而然地提高法治意识、职业道德、政治素养和创新意识。此外，课程思政的形式不应受限于特定的模式，而是应根据知识传递和技能培养的内容相应进行调整，以保证思政教育与专业教育有机结合。这意味着，我们可以采用多种形式，如案例讨论、讲座、实地考察等，让思政教育真正融入课程教学中。

这种综合的教学方式旨在培养出不仅具备专业素养，还具备良好人文素养和社会责任感的高素质专业人才。这样的人才在未来的专业实践中不仅能够胜任技术工作，还能够为社会、国家的法治建设和社会稳定做出积极贡献。这种综合性教育理念符合当前高等教育的发展趋势，也是对专业核心课程的一种有效拓展和提升。

（三）课程思政效果评价方式

当前，高校刑事科学技术专业核心课的教学目标涵盖了知识、能力和价值三个方面。然而，在实际考核和考试过程中，专业理论知识和实践操作能力往往更容易被评估，而对于价值目标的评估相对较少，甚至有时被忽视。这种偏向需要引起我们的重视。为了保证教学效果，课程思政的评价方法应与课程目标相协调。应确保所有课程思政目标都得到全面考察，并与专业知识和能力培养的考核方式相一致。教师可以采用一系列评价手段，比如定期的学生讨论、小组项目报告、论文写作等，结合实际情况来评估学生对课程思政的理解和掌握情况。

此外，教师可以制定详细的评价量表，以客观评价为主，主观评价为辅。这个量表可以包括知识掌握程度、独立思考能力、价值观认同等多个方面的评价项，以便全面地评估学生的课程思政效果。这样的评价方法旨在保证教育的全面性，使学生不仅能够掌握专业知识和技能，还能够培养出良好的价值观和社会责任感。通过科学合理的评价方式，可以更好地引导学生在学习过程中形成正确的政治态度和价值取向，培养他们成为具有良好社会责任感的专业人才。

第二节　刑侦类课程的共性思政元素挖掘

一、共性思政元素产生的原因

（一）课程属性具有重合性

刑侦类课程的内容源自实际的侦查工作，其主要目的在于培养刑事犯罪侦查人才，因此具有明显的服务性质。这些课程紧密结合了刑事犯罪侦查活动的实践需求，内化了侦查活动的核心价值理念。一般情况下，刑事犯罪侦查活动的价值观与其性质、侦查目的密切相关，同时也受到国家刑事法律体系的约束和引导，其中蕴含了大量的思政元素。因此，在设计刑侦类课程时，必须紧密结合本国的侦查实践和法律环境，确保课程内容符合实际需求。

在满足课程属性的基础上，不同类型的刑事犯罪侦查活动所共有的思政元素会自然地融入各门刑侦类课程中。这种共性思政元素的存在并非偶然，而是与刑侦类课程的性质和实践需求相辅相成的必然结果。这种设计保证了刑侦类课程不仅符合实际侦查工作的要求，同时也包含了必要的思政教育内容。刑侦类课程的设计需要结合本国的法律体系、侦查实践以及价值观念，将实践需求与思政教育相有机结合。这样的设计理念不仅使得课程内容更具针对性和实用性，也为学生提供了更丰富的思想引导和实践支持，从而为他们成为合格的刑事犯罪侦查人员奠定了坚实基础。

（二）课程思政建设的内容具有普遍适用性

教育部于 2020 年 6 月 1 日发布的《高等学校课程思政建设指导纲要》（以下简称《纲要》）明确了课程思政建设的重点方向。该《纲要》要求紧密围绕坚定学生理想信念，强调培育爱党、爱国、爱社会主义、爱人民、爱集体等核心价值观。对于刑侦类课程而言，《纲要》中规定的内容可以与这类课程的设计相融合。此外，在 2020 年 8 月 26 日的警旗授旗仪式上，习近平总书记向人民警察队伍提出了对党忠诚、服务人民、执法公正、纪律严明四点具体要求。这不仅是警察队伍前进的正确方向，也是队伍稳固基础的根本。这些要求也是刑侦类课程教学必须植根于学生思想意识中的内容。与《纲要》中的爱党、爱人民、法治意识等内容相对应，这些要求在刑侦类课程中具有较高的契合度。此外，课程思政建设的重点内容可以在不同的刑侦类课程中得到体现，不同课程之间存在共性的思政元素，因为不同课程所反映的侦查实践活动的价值导向也具有相似性。这一点显示出，在刑侦类课程中推进课程思政建设具有显著的优势。

二、共性思政元素分析

挖掘刑侦类课程的共性思政元素，就是要总结出这类课程向学生传递的相同思政要素。在这个过程中，我们需要以《高等学校课程思政建设指导纲要》为指导，将其内容作为挖掘共性思政元素的基本框架。同时，教师需要根据刑侦类课程的共性价值理念，找到适合在课堂中传达的思政要素。

根据《纲要》的整体设计，我们将课程思政建设的重点内容划分为政治观念、法治观念、道德修养、文化素养和职业观念五个方面（如图 7-1 所示）。每个方面都包含了多个思政要素。这些要素在刑侦类课程中是共通的，它们既是课程思政的核心元素，也是学生需要培养的重要价值观念。因此，我们可以通过挖掘这些共性思政元素，为刑侦类课程的思政教育提供有针对性的指导，确保学生在学习专业知识的同时，也能够培养出良好的思想道德观念和社会责任感。

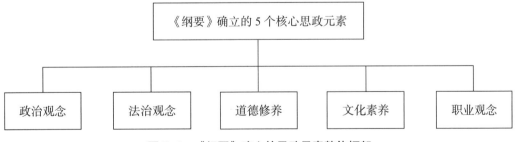

图 7-1　《纲要》确立的思政元素整体框架

1. 政治观念

在课程思政建设中，引导学生形成正确的政治观念是至关重要的一环。《纲要》明确了学生应坚定爱国、爱党、爱社会主义、爱人民和爱集体的信念，同时要增强对党的创新理论的政治认同和情感认同，坚定"四个自信"。

为了实现这一目标，教师们可以通过深入学习中国共产党的历史，将习近平新时代中国特色社会主义思想的关键理念有机融入教学内容中。通过分享生动的案例、鲜活的事例等方式，引导学生深刻认识到中国共产党的历史使命和光荣传统，使他们在学习过程中产生对党的认同感和自豪感。

此外，教师们还可以引导学生深入了解习近平新时代中国特色社会主义思想的核心内涵，让学生在学习中理解其中的重要理念，如人民至上、全面建设社会主义现代化国家等。通过理论的学习和讨论，引导学生形成对中国特色社会主义的深刻政治认知，加强对党的创新理论的理解和信仰。

总的来说，引导学生形成正确的政治观念是课程思政建设的重要任务之一。通过深入学习中国共产党的历史和习近平新时代中国特色社会主义思想，教师们可以帮助学生建立正确的政治信仰和认知，使他们在未来的学习和生活中能够坚定地拥护党的领导，为实现中华民族伟大复兴的中国梦而努力奋斗。

2. 法治观念

全面依法治国是当前时代的核心任务，将法治观念融入课程思政建设是至关重要的一环。在这个过程中，教师扮演着重要的引导者和推动者的角色，他们需要帮助学生形成拥护依法治国、深入理解法治理念以及掌握重要法律知识、善用法律思维的观念。

首先，教师应着力传授习近平法治思想中的"十一个坚持"，这包括坚持中国特色社会主义法治道路，坚持全国人大立法权威，坚持法治国家、法治政府、法治社会一体建设等关键理念。通过深入解读这些坚持，学生将建立对法治建设的全面认知，理解法治在国家治理中的重要地位。

其次，教师应引导学生了解相关法律制度，使他们熟悉国家的法律框架和基本法规，同时注重将法治理论与实践相结合。通过案例分析、模拟法庭等教学方法，让学生亲身体验法治的实际应用，从而培养他们的法治思维和实践能力。

此外，教师还可以引导学生参与法律实践活动，例如模拟法庭辩论、参观法院、参与法治公益活动等。通过亲身参与，学生将深刻感受到法治在保障公民权益、维护社会秩序等方面的实际作用，从而增强他们的法治意识和法治责任感。

总的来说，将法治观念融入课程思政建设是当下教育的迫切需求。教师们应当紧密结合教学内容，通过多种教学手段，帮助学生形成正确的法治观念，使他们在今后的学习和生活中能够自觉遵纪守法，成为具有法治意识的公民，为全面依法治国贡献力量。

3. 道德修养

立德树人是高等教育的根本任务。教师应引导学生树立共产主义远大理想、明辨是非，培养学生遵纪守法、尊重他人、勇于担当的品德。同时，教师应结合学生特点，寻找适合的德育思政元素，使教育更具针对性和实效性。

4. 文化素养

中华优秀传统文化是中华民族的瑰宝，教师应帮助学生学习和掌握其中的思想精华。教育要以讲仁爱、重民本、守诚信、崇正义、尚和合、求大同的思想为重点，培养学生的民族自豪感和爱国情怀。教师应深入解析各传统文化思想，融入教学，引导学生深入理解和传承中华文化。

通过以上方面的教育，我们能够培养出具有良好政治觉悟、法治观念、道德修养和文化素养的学生，使其不仅具备专业知识和技能，更具备正确的价值观念和社会责任感，为全面建成社会主义现代化强国贡献力量。

5. 职业观念

高等院校在培养学生时，必须强调职业观念的培养，这不仅有助于引导学生进行科学的职业规划，还能够使他们更好地适应社会需求。在职业观念的构建中，《纲要》提出了两个关键方面：职业理想和职业道德。对于职业理想，各门专业课程应引导学生理解本专业的核心价值和社会使命，使学生认识到自身所学专业对社会的重要性，形成对未来职业发展的明确认知。在培养职业道德方面，学校需要加强学生的职业责任感，培养学生遵纪守法、热爱本职工作、乐于奉献、诚实守信、公正办事、勇于创新的职业品格和行为习惯。

需要明确的是，各门专业课程并非要将《纲要》中提及的所有思政元素都一一包含，而是要深入分析课程内容与各个思政元素的契合度，然后根据实际情况合理地融入相关内容，避免刻意引入不相关的元素。这种巧妙的整合能够使思政教育更具针对性和实效性，让学生在学业发展的同时，也更好地培养出正确的职业观念，为将来的职业生涯打下坚实基础。通过职业观念的明晰，学生能够更加明确自己的发展方向，增强自身的社会适应能力，为社会的需要和个人的职业目标建立起更加稳固的桥梁。

（二）刑侦类课程中的共性思政元素

刑侦类课程所包含的共性思政元素不仅代表着这类课程的本质特征，也是它们之间最显著、最突出的共同特色。这些元素源自侦查实践，是应该深刻影响侦查人员思想的最基本的要素。具体来说，这些思政元素主要包括侦查活动的性质、功能，以及侦查人员的职业观念。

首先，侦查活动的性质是指侦查工作的基本属性和特征，它要求侦查人员具备敬业精神和责任感。在刑侦课程中，教学应当突出侦查工作的专业性、精密性和严谨性。学生需要了解到侦查活动所承担的责任和使命，明白侦查工作对于维护社会公平正义和保护人民利益的重要性。通过这一共性思政元素的引导，学生将形成正确的价值取向，愿意投身于这一高度责任的职业领域。

其次，侦查活动的功能涵盖了打击犯罪、维护社会秩序等方面，这要求侦查人员具备较高的法治观念和职业操守。在课程中，应当注重传授法律知识，并强调法治社会的重要性。学生需要认识到侦查活动在社会稳定和安全方面所起到的积极作用，从而在实践中坚定地维护法治和公序良俗。

最后，侦查人员的职业观念是指他们对自身工作的态度和认知。这要求侦查人员具备忠诚、勇敢、正直等职业品质。在课程教学中，应当强调职业操守的培养，引导学生树立正确的职业道德观。通过案例分析、讨论等教学方法，培养学生对于职业操守的认识和理解，使他们在未来的职业生涯中能够忠实履行侦查人员的职责和使命。

综上所述，侦查类课程中的共性思政元素能够深刻地影响学生的思想觉悟和职业素养。通过对侦查活动的性质、功能，以及侦查人员的职业观念的深入理解，学生将培养出高度责任感和使命感，为社会和国家的法治建设做出积极贡献。这一过程将在课程教学中得到具体体现和实践，为学生的职业发展打下坚实基础。

（三）侦查活动的性质反映出的思政元素

侦查活动作为我国刑事诉讼活动的重要组成部分，不仅具有直接功能，如破获刑事案件、保护合法权益、维护社会秩序等，还具备着深远的社会影响和引导作用。侦查人员在开展侦查活动时，必须对党忠诚、拥护依法治国、维护法治社会。他们的职责不仅是完成案件侦破，更在于保障被害人的合法权益，对社会产生正面影响。在这一过程中，侦查人员需要全面了解社会需求，深刻认识社会责任，这种责任感贯穿于他们的工作始终。

为了适应社会的不断变化，侦查人员需要持续提升自身职业素养，包括法律知识、执法技能、沟通能力等，以确保他们在执法办案中始终坚守公平正义，做到法律公正实施。同时，他们还应该具备对中国特色社会主义法律制度的自信，理解法治社会的价值和意义，以此来引导他们的工作。这种对法治的信仰和自信不仅是侦查人员的职业要求，也是思政课程中需要传递给学生的重要观念之一。

侦查活动中集体主义精神的体现也是不可忽视的。侦查工作通常需要侦查人员之间的紧密协作和团队合作。侦查团队的成功，往往依赖于团队成员之间的信任、配合和默契。这种团队协作的精神在侦查活动中得到了最好的体现，同时也是培养学生团队合作精神的重要素材。在侦查类课程中，可以通过案例分析、模拟实战等教学手段，引导学生体验团队合作的重要性，培养他们的集体主义观念和协作能力。

综上所述，侦查活动所具备的各种功能和思政元素不仅是侦查人员的职业要求，也是刑侦类课程中需要传达的核心内容。这些观念不仅帮助学生理解侦查活动的复杂性，更引导他们形成正确的法治观念和社会责任感，使他们在未来的职业生涯中能够胸怀社会，为法治社会的建设贡献力量。

这些思政元素不仅存在于侦查活动本身，也贯穿于刑侦类课程的各个专业知识点。例如，在侦查基础理论课程中，可以强调公正执法的法治观念，将其与侦查的价值部分相结合。在网络犯罪案件侦查课程中，可以探讨侦查人员如何保护个人隐私权，以及如何在技术和法律的边界中平衡，涵盖法治观念、伦理道德等多个层面。这种跨学科的融合不仅有助于学生全面理解侦查活动的复杂性，还能够引导他们形成正确的法治观念和职业道德。通过这种方式，刑侦类课程不仅传授专业知识，也培养学生的社会责任感和法治观念，使他们在未来的职业生涯中能够胸怀社会，服务人民，为法治社会的建设贡献自己的力量。

第三节　刑事科学技术课程的个性思政元素挖掘

在课程思政建设中，挖掘个性思政元素是一项至关重要的任务。个性思政元素指的是从专业课程中反映出的特殊、非普遍化的思政元素。在挖掘个性思政元素时，刑侦类课程可以依据《纲要》的指导，结合该专业的特色及育人目标，深入探讨课程内容，以更深刻的思考去发掘其中蕴含的思政元素。这个过程并不是简单地将通用的思政元素套用于刑侦类课程，而是需要从该专业的角度出发，将普遍的思政元素与专业特色相结合，形成独特的个性思政元素。

个性思政元素的挖掘在刑侦类课程中具有重要的意义，可以通过多方面的教学手段和活动来实现。

首先，可以从课程的专业知识中着手。刑侦类课程涵盖了刑事法律、侦查技术、心理学等多个方面的知识。在传授这些知识的过程中，可以引导学生深入了解法治社会的发展历程，让他们了解法律体系的建设和完善是社会稳定的基石。同时，结合侦查技术的实际应用，可以培养学生的实际操作能力，让他们在学习的过程中亲身体验侦查工作的挑战与责任。通过实践性的教学，可以培养出具备责任感和使命感的专业人才，使他们在未来的工作中能够胜任各种侦查任务。

其次，可以通过案例分析、实地考察等教学活动来发掘个性思政元素。通过真实案例的讲解，学生可以了解到刑侦工作中的复杂性和多样性，从中吸取经验教训，了解到侦查过程中的各种情况和挑战。这种教学方式能够使学生在理论学习的基础上，通过实际案例的反思和讨论，更加深刻地理解专业知识。同时，实地考察可以让学生近距离接触专业工作的实践环境，了解到侦查现场的紧张氛围和专业素养。这种亲身体验能够让学生更加直观地感受到侦查工作的重要性和挑战。这些教学手段和活动可以有效地发掘个性思政元素，使刑侦类课程具有更加丰富的内涵，培养出具备高度责任感和使命感的刑侦专业人才。同时，也为学生提供了更为全面的学习体验，使他们在未来的刑侦工作中能够胜任各种复杂的侦查任务，为社会的安全与稳定做出积极贡献。

在挖掘个性思政元素方面，可以通过关注学科前沿和技术创新等途径进行深入发掘。

随着科技的不断发展，刑侦技术也在不断更新换代。通过引入最新的科技成果和研究成果，教师可以激发学生的创新精神，让他们感受到科技的魅力和无限可能性。例如，可以介绍一些前沿的刑侦技术或者案例，让学生了解到科技在刑事侦查中的重要作用，激发他们对技术创新的兴趣和热情。

同时，引导学生关注学科前沿的理论研究也是十分重要的。教师可以介绍一些最新的研究成果、学术讨论或者热点问题，引导学生关注学科的发展趋势，让他们具备批判性思维，能够独立分析问题。通过对学科前沿的关注，培养学生对复杂问题进行综合性思考和解决的能力，提高他们的综合素质。

通过这些措施，不仅可以让学生在刑侦类课程中获得专业知识，也可以为他们的思政教育提供更为丰富的内容，使其在未来的刑侦工作中能够充分展现自己的专业能力和社会责任感。同时，也有助于学生培养对科技创新和学科研究的浓厚兴趣，为将来在相关领域做出更多有意义的贡献奠定坚实基础。

综上所述，挖掘刑侦类课程中的个性思政元素需要深入思考，结合专业特色，从专业知识、教学活动、学科前沿等多个角度出发，使学生在学习刑侦课程的过程中不仅获取专业知识，更能够培养出对法治社会的认知、社会责任感、创新精神和批判性思维等综合素质。通过这种方式，刑侦类课程的个性思政元素能够更好地融入到课程思政建设中，为学生的全面发展和社会责任感的培养提供有力支持（见图7-2）。

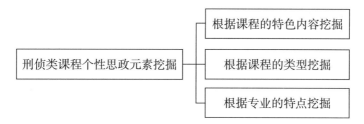

图 7-2　刑侦类课程个性思政元素挖掘的主要途径

一、根据课程的特色内容挖掘个性思政元素

《纲要》强调了课程思政建设的基础在于深入梳理专业课程的教学内容。这是因为课程内容被视为孕育思政元素的土壤。在高等教育机构的课程建设中，不同专业会根据自身的特点和培养目标来构建专业课程体系，因此不同专业之间，甚至在同一专业的不同课程之间，教学内容都存在差异。正是在这些差异中，个性思政元素才能够得以凸显。

网络犯罪案件侦查课程的内容涵盖了网络犯罪案件执法基础、网络犯罪现场勘查、网络人群的分布与行为特征分析、网络犯罪案件线索综合分析方法，以及常见涉网案件的侦查思路及方法等。这门课程具有鲜明的特点，知识体系从多个角度探讨了侦破网络犯罪案件所需的各个要素。每一部分的内容都与不同的思政元素相契合。要突出课程的特色内容，应能够反映网络犯罪案件的特征、侦破这类案件所需的特殊原则或产生的社会意义等方面的内容。

在网络犯罪案件课程中，针对网络犯罪的独特性和对社会的危害，教师可以通过生动的案例和深入的讲解，引导学生深刻理解网络犯罪的类型以及这类犯罪的特殊社会危害。通过案例分析，学生能够从实际中领悟到网络犯罪的严重性和对社会安全的威胁。此外，教师还可以将课程内容延伸到从打击网络犯罪到保护网络生态安全的层面，引导学生逐渐认知到总体国家安全观的重要性和维护的必要性。通过将总体国家安全观融入课程中，为学生们树立正确的国家安全观念，强化他们对网络犯罪案件侦查工作的认识，增强他们对未来从事此项工作的使命感和责任感。

总结来看，个性思政元素往往体现在该门专业课程与其他课程最不同的部分中。这些元素是那些最能够凸显课程独特性和使其与其他课程有所不同的元素。在思政建设中，深入挖掘这些独特内容是为了更好地引导学生深入理解专业特色，培养其相关的思政素养，促使他们更好地投入未来的专业工作中，为国家的安全稳定做出积极贡献。

二、根据课程的类型挖掘个性思政元素

刑侦类课程的独特性在于它们既包含了专业教育的内容，又融合了实践操作的要素，如犯罪现场勘查、公安情报分析与应用、文件检验与技术侦查等课程。这种双重属性赋予了刑侦类课程独特的特色和使命。

在挖掘思政元素方面，刑侦类课程应当科学构建自己的课程思政教学体系。相较于公共基础课程，它们更侧重于结合专业特色，将思政元素融入专业知识与实践操作中，使学生在学习刑事侦查技术的同时，也能理解并内化为职业道德和社会责任。课堂实践部分是刑侦类课程中蕴含个性化思政元素的重要环节。通过实践操作，学生们可以亲身体验到侦查工作的复杂性和挑战性，进一步培养他们的责任感和职业担当。同时，实践操作也是将理论知识与实际应用相结合的有效途径，使学生能够更好地理解和掌握所学内容。因此，刑侦类课程的课程思政教学应注重在专业教育和实践操作中挖掘思政元素，使其成为学生学习和实践的内在动力，为培养具备高尚品德和卓越技能的刑侦人才奠定坚实基础。同时，这也为刑侦类课程的未来发展提供了有力支撑，使其在社会稳定和公共安全维护中发挥更为重要的作用。

犯罪现场勘查课程通常包括理论讲授和实践训练两个部分。实践训练内容包括模拟犯罪现场测量与绘图、现场保护与前期处置、模拟犯罪现场实地勘验、模拟犯罪现场访问、模拟犯罪现场分析、现场勘查信息管理系统等。通过这些实践训练，学生可以掌握现场勘查的程序和操作规范，提高发现和提取痕迹物证的能力，以及现场分析等技能。这种实践训练通过学生对专业理论知识的理解和教师示范操作的模仿，使学生初步接触到规范化的犯罪现场勘查活动。这为学生未来在刑侦工作岗位上的发展提供了实质性帮助。

在实践训练环节，与专业理论教育不同，教师有更多的灵活性去采用各种教学手段，激发学生的创新精神，提升他们的动手能力和问题解决能力。这一环节是刑侦类课程中蕴含着独特思政元素的重要体现。

在侦查工作中，侦查人员通过不断创新和提升打击刑事犯罪能力，展现了专业精神和敬业精神。这样的实践经验可以成为教师进行课程思政教学的珍贵素材。将这些事例融入刑侦类课程的实践训练中，能够引导学生更深入地理解和投入到刑事侦查的专业工作中。

这种思政元素的融入不仅使得课程更富有个性，也为学生提供了更为丰富的学习体验。通过学习真实案例和侦查经验，学生能够感受到专业工作的复杂性和挑战性，从而更加全面地认识到刑事侦查工作的重要性和使命感。这种实践训练不仅是技能的培养，更是责任心和职业担当的培养，为学生成为优秀的刑事侦查专业人才奠定了坚实基础。

三、根据专业的特点挖掘个性思政元素

《纲要》明确了高校课程思政体系建设的指导思想，其中强调了根据课程类型和专业特点挖掘思政元素的要求。在我国的高等教育体系中，本科专业主要分为哲学、经济学、法学、教育学、文学、历史学、理学、工学、农学、医学、管理学与艺术学12个门类。这些专业拥有各自独特的知识体系、育人目标和价值理念，因此，它们蕴含的思政元素也各有不同。

在当今社会背景下，刑侦类课程作为法学与工学专业门类的重要组成部分，具有特殊性。在面对法学专业的挑战时，刑侦类课程不仅需要引导学生坚决拥护中国特色社会主义法治建设、培养良好的法治观念，同时也需要促使学生具备德法兼修的素质。这些共性思政元素源自法学专业，但同样适用于刑侦类课程，为学生提供了道德和法律并重的教育，培养了他们对社会正义和法治建设的责任心。

刑侦类课程在工学门类下具有独特的性质，这一领域的教育旨在培养学生精益求精、追求卓越的"大国工匠精神"。这种精神不仅在一般工学专业中有着重要的指导意义，对于刑侦类课程也具有深刻的影响。

刑侦科技领域一直以科技强警为目标，这意味着要借助先进的科技手段提升刑侦工作水平。这不仅是国家科技强国战略的一部分，也是刑侦领域为国家安全和社会稳定做出特殊贡献的方式。在工学门类下的刑侦课程中，我们可以将"科技强警"和"科技报国"的理念作为思政教育的重要内容。通过引导学生树立科技报国的信念，激发他们对刑侦科技研究的热情，使他们认识到自己所学习的科技知识对国家安全和社会稳定的重要性。这种教育理念不仅有助于激发学生的学习热情和求知欲，更是为了培养具有高度社会责任感的专业人才。他们将会投身到科技创新中，以实际行动为国家的安全和社会的稳定贡献自己的力量，成为刑侦科技领域的中坚力量。这种使命感和担当精神将伴随他们职业生涯始终，成为他们为国家做出贡献的坚强动力。

刑侦类课程通过融入法学门类的普适思政元素和工学门类的个性化思政元素，呈现一种全方位、多维度的思政教育模式。这种综合性的思政教育不仅在法学领域汲取了法治精神、法治意识等普适原则，也在工学门类下挖掘出了适用于刑侦领域的思政要素，使学生能够全面领会法律职业的社会使命和责任。通过这样的教育模式，刑侦类课程的学生不仅在法学方面获得了坚实的学科知识，也在道德伦理、社会责任等方面得到了有力的塑造和引导。这种教育使得学生在未来的工作中具备高度的社会责任感和人文情怀，对于国家社会的稳定与安宁具有极其重要的积极作用。引入这些思政元素丰富了课程的内涵，使其不再仅是技术与实践的堆砌，更是一种涵养品质和培养担当的教育过程。学生通过接触法治精神、社会责任等概念，逐渐树立了对国家安全

和社会稳定的高度责任感。这样有深度、有内涵的思政教育为培养具备高尚品德和卓越技能的刑侦人才奠定了坚实的基础。学生将在这种教育模式下，培养出积极向上、执着坚守的职业态度，成为刑侦领域中的中坚力量，为社会的安全与稳定贡献自己的力量。这不仅是一种教育，更是一种社会责任的传递和实践。

第七章　刑事科学技术专业课程思政建设的路径与措施

第一节　刑事科学技术专业精神的时代内涵

一、工匠精神释义

工匠精神是一种职业精神，体现了职业道德、职业能力和职业品质，是从业者职业价值观和行为表现的具体体现。通常来说，工匠精神包括高超的技艺和精湛的技能，严谨细致、专注负责的工作态度，精雕细琢、精益求精的工作理念，以及对职业的认同感和责任感。在新时代，中国的工匠精神不仅包含了一般意义上的内涵，还具有自身的特殊性：它是对中国传统工匠精神的传承和发扬，也融入了对外国工匠精神的学习和借鉴；它既是为适应我国现代化强国建设需要而产生，又是劳动精神在新时代的一种新表现形式。工匠精神与劳模精神、劳动精神相互交融，构成了一个完整的价值体系，成为激励广大职工实现中华民族伟大复兴中国梦的重要精神力量。工匠精神首次出现在 2016 年国务院总理李克强的政府工作报告中，引起了广泛关注。它的提出意味着我国正在强调并重视精益求精、专注致远的职业态度，这种态度不仅是在技术领域，更是在各个职业中具有普遍意义。2017 年中国共产党第十九次全国代表大会报告，更是明确提出了"弘扬劳模精神和工匠精神，营造劳动光荣的社会风尚和精益求精的敬业风气"的发展方向。这体现了国家对工匠精神价值的高度认可和推崇。在新时代下，工匠精神的核心是注重细节、追求卓越，它强调持之以恒的努力，专业技能和职业精神的提高，既是对自身职业的尊重，也是对社会的负责。这种精神将不断激励各行各业的人，以更高的标准、更严格的要求，为实现中华民族伟大复兴的中国梦不懈奋斗。

"工匠精神"的基本内涵包括敬业、精益、专注、创新等方面的内容，它们在不同的领域和行业中都扮演着重要的角色。首先，敬业代表着对所从事职业的尊重和热爱。这种全身心的投入不仅是对职业的认同和负责，也是对职业的敬仰。敬业精神源自中国传统文化的"忠诚敬业"价值观，它要求人们以虔诚的心态对待自己的工作，持之以恒地追求职业的发展和进步。其次，精益要求人们不满足于已经取得的成就，而是始终保持谦逊和谨慎的态度，力求将工作做到极致。这种精神有着广泛的适用性，它鼓励人们保持不断进取的心态，始终保持对工作的高标准要求。再次，专注是一种持之以恒、坚持不懈的精神品质，它在"工匠精神"中起着重要作用。这种内心深沉的专注要求人们对工作保持高度的注意力和耐心，追求细节的完美和极致。只有通过持之以恒的努力和坚持，才能取得突出的成就。最后，创新代表着"工匠精神"对突破和革新的追求，是推动社会和技术进步的动力源泉。创新不仅是技术上的突破，也包括思维方式、工作方法等方面的创新。只有不断地进行创新，才能跟上时代的步伐，满足社会的需求。总的来说，通过弘扬"工匠精神"，我们可以培养更多具有高度责任心和创新能力的人才，为社会的进步和发展做出积极的贡献。这种精神不仅在传统行业中有所体现，在现代科技、文化、艺术等领域同样具有重要意义。

二、团队协作精神释义

团队精神是一种极具凝聚力和推动力的核心价值观，它贯穿着大局意识、协作精神和服务精神。在团队精神的理念中，协同合作是至关重要的，它通过将个体的利益与整体的利益统一起来，实现了团队的高效运作。团队精神并不要求团队成员牺牲自我，相反，它鼓励个体发挥自己的特长，保证了团队共同完成任务目标的多样性和广度。团队精神既是组织文化的一部分，也是良好管理的体现。通过合适的组织形式，每个成员都能被安排到最适合自己的岗位，充分发挥个体的专长，最终激发出团队的巨大潜力。在团队精神中，团结一心、共同追求共同目标是每个团队成员的内在驱动力。团队的目标成为了每个成员努力的方向，这使得整体目标能够分解成各个小目标，每个成员都有责任将其落实。团队的成功与否不仅取决于个人的努力，更取决于整个团队的协同合作和共同奋斗。传统的管理方式通常依赖自上而下的行政命令，但团队精神则是通过培养群体意识，通过长期实践中形成的文化心理，来引导人们产生共同的使命感和归属感。这种共同体验加强了团队精神，形成强大的凝聚力，使得团队能够应对各种挑战，实现共同目标。在团队中，每个成员都需要自觉地向团队中最优秀的成员看齐，通过正常的竞争激励，达到激励团队成员的目的。这种激励不能仅限于物质层面的奖励，更需要得到团队的认可和尊重。团队精神的内在力量也在于对个体行为的规范和引导。它不是依赖硬性的强制，而是通过团队内部形成的一种共识力量、氛围，来引导个体的意识和行为。这种内化的控制更加持久和有意义，因为它涉及个体的价值观和长期目标。团队精神的培养与发扬激发了个体内在的动力，推动着团队共同目标的实现，为整个团队带来了充实和成就感。它不仅是一种行为准则，更是一种文化传统。通过不断弘扬团队精神，团队能够在竞争激烈的现代社会中脱颖而出，取得更加辉煌的成绩。

三、科学创新精神释义

科学创新精神具备以下关键特点。

首先，在科学创新的过程中，原创性扮演着不可或缺的角色。这意味着我们需要建立起崭新的理论体系或观点，超越前人的研究成果，从而推动科学知识的不断发展和前行。原创性为科学前进提供动力，它使我们能够在不断拓展的科学边界上寻找答案，解决未知的难题。

其次，科学理论的普适性是其基础。自然科学理论应该具有普适性，适用于自然界的各个领域；而社会科学理论则应该具有广泛适用性，能够解释人类社会中的普遍价值。哲学理论则需要在自然界和人类社会中具有普世价值，为人类认知提供根本性的指导。

民主性是科学创新的灵魂所在。科学理论必须能够服务于民众，得到人民群众的欢迎和认同。科学家应该保持批判性思维，对权威的理论不能盲目从众，而是要通过理性的思考和实验证据来进行判断。民主性意味着科学知识的普及和共享，它不应局限于特定的群体或利益集团。

此外，坚持无功利性是体现科学创新崇高性的重要方面。科学是全人类的精神财富，其价值应当超越个人或特定群体的私利。科学家应该以追求学术真理为己任，而非仅仅追求个人的利益。即便失败，也为科学事业的进步做出了一份贡献，因为失败是成功之母，是经验的积累，也是科学探索不断攀升的阶梯。坚持无功利性，是保护科学精神高尚性的一种表现，使科学始终保持着纯粹的追求。

精神自由原则是保障科学创新的一项基本条件。它强调了科学家应当拥有思想自由和学术自由的权利，能够在独立、开放的环境中从事科研工作，不受来自政治、宗教或其他外部因素的干扰和限制。

在精神自由的框架下，科学家有权提出新的思路、提炼新的理论、挑战既有的学术观点，甚至颠覆传统的认知。这种自由使得科学家们能够大胆地探索未知领域，勇于面对科学的种种难题和挑战，不受传统观念的束缚，从而为科学研究开辟更为广阔的前景。

精神自由的实践也要求社会和政府为科学家提供宽松、包容的学术环境，保障其在学术研究中的独立性和创造性。这意味着不应当对学术研究结果进行政治上的操控或干扰，而应当为科学家们提供一个安全、开放的学术交流平台，鼓励学术界各方共同参与讨论和研究。

精神自由的实现对于科学的不断发展至关重要。它激发了科学家们的创造力和探索精神，推动了科学知识的不断深化和扩展。只有在精神自由的氛围中，科学才能真正实现其自我更新和不断进步，为人类认知世界做出更为深刻的贡献。因此，保障精神自由，是推动科学创新和推动人类知识前行的必要保障。

第二节 刑事科学技术专业课程思政建设的基本思路

一、构建实用型和创新型人才的培养目标

随着经济和科技的迅速发展以及社会的深刻变革，各种新情况、新问题、新知识和新技术不断涌现。传统的人才培养模式主要侧重于传授书本知识，但这已经无法满足当今社会对刑事科学人才的紧迫需求。因此，我们亟需培养具备扎实专业知识、卓越学习能力、强大社会适应能力、创新精神和全面发展素质的人才。

为了实现这一培养目标，我们将重点提升本专业技术人才的综合能力，培养学生的创新思维和实践能力。我们将采取一系列措施，包括建立相关章程、完善保障体系、科学设计考核标准等，来构建新的人才培养模式。新模式将注重理论教学的深化、实践培养的拓展、科研创新的激发，以及提高学生就业能力的培养。通过这种方式，我们的目标是培养出适应社会需求、具备创新能力和实践能力的高素质刑事科学人才。

二、建立科学合理的刑事科学技术专业课程体系

建立科学合理的刑事科学技术专业课程体系是一项复杂而关键的任务。为此，我们采取了一系列策略，确保培养出具备高水平技术和实践能力的刑事科学技术专业人才。

首先，我们进行了广泛的咨询和借鉴，与本专业学生、教师、实务技术人员、专家进行充分沟通。在借鉴兄弟院校和国外相关大学课程体系的基础上，我们充分论证现有课程体系的优劣，确定了需要增减、改进和提升的教学内容。然后，我们编写了相应的课程教学大纲和教材，逐步建立和完善新的刑事科学技术课程模块。

其次，我们通过科学的教学组织实施方法对教学内容进行了精心整合。我们强化了痕迹学、刑事照相学、文件检验学、法医学、微量物证分析学和毒物分析学等基础知识，从而减轻了教师和学生的课业负担。此外，我们还新增了与刑事科学技术相关的课程，如文献检索、专利检索、论文撰写、科研项目申请等，以培养学生的文献检索和写作能力，提升他们在工作中的综合素质。

最后，我们引入了以案例或问题为引导的教学方法。通过查阅文献资料和与实务

部门合作,我们积累了丰富的案例资源。以案例剖析为切入点,引导学生将为侦破案件和案件审理提供有力证据作为学习目标。通过案例教学,学生将积极主动地查阅相关资料,参与课堂讨论,从而掌握如何运用刑事科学技术手段建立有力证据链条的实际能力,而不仅是停留在技术原理的学习层面。这样的教学方法能够更好地贴近实际应用,培养学生的问题解决能力和实践操作技能。

在实施过程中,我们建立了专门的组织机构,由校领导和各学院领导共同负责,逐级推进,以确保新课程的顺利实施。同时,我们也积极探索了灵活多样的考核方式,着重关注学生在整个学习过程中的综合表现,特别注重他们在案例研究和问题解决方面的实际能力。我们定期举行对教师和学生的评价活动,倾听他们的意见和建议,不断地优化和完善新课程体系。

通过这些努力,我们的目标是培养出具备独立思考和创新能力的刑事科学技术专业人才,使他们能够胜任社会对于刑事科技领域人才的需求和面临的各种挑战。我们希望他们能够在实践中展现出优秀的业务水准和解决问题的能力,为维护社会安全和公共秩序做出积极的贡献。同时,也期望他们能够持续地学习和进步,不断地更新知识和技能,以适应刑事科技领域快速发展的需求。这样的人才将成为我国刑事科学技术事业的中流砥柱和创新引领者。

三、建设全方位的刑事科学技术专业教学质量评价体系

教学管理体系经过精心构建,具有高效性和合理性。首先,我们拥有稳定、责任明确的教学管理队伍,他们拥有丰富的管理经验和较强的服务意识,具备教学研究和信息化管理应用能力。我们制订了教学管理队伍的培训计划和措施,以保持队伍的专业素质和管理水平。

其次,我们建立了教学督导专家队伍,并完善了教学督导制度,包括教师评学、学生评教、同行评议等。我们常态化地进行校内教学督导活动,健全了校内教学督导工作机制,以确保教学质量的稳步提升。

在教学质量管理方面,我们采取了一系列措施,以确保教育培训的高质量和有效性。首先,我们对人才培养方案、教学大纲、课程考核标准等教学环节制定了明确的标准和质量要求。这为教学工作提供了明确的指导,确保了教学的目标明确、内容丰富、方法科学。

建立了完备的教学考核评价方法和教学制度规范。通过科学、合理的考核方式,我们可以客观地评估学生的学习成果,确保了教学的公正性和客观性。同时,教学制度规范也为教师提供了明确的操作指南,使教学工作更加有序和规范。

此外,我们形成了日常教学管理、教学督导、教学评估和反馈的质量监控机制。

这一机制有效地将教学工作纳入了常态化监控和评估体系，通过定期的督导和评估，及时发现和解决教学中存在的问题，保障了教学质量的稳步提升。

同时，我们高度重视教师在专业教学中的主体作用。教师是教学工作的核心力量，他们的专业水平和教学质量直接影响着教育培训的效果。因此，我们鼓励教师积极参与专业建设、教学实施、人才培养和质量管理等工作。通过教师的积极参与和努力，我们可以不断优化教育培训的各个环节，提升教学质量，为学生的成长和发展提供更有力的保障。

综上所述，我们的教学质量管理体系全面、科学、有效，确保了教育培训的高质量和有效性，也为教师的专业成长提供了有力的支持和保障。我们将持续改进和完善这一体系，以适应教育培训工作的不断发展和变化，为培养优秀人才做出更大的贡献。

此外，我们致力于推动专业教学改革研究，建立了专业基本状态数据库和专业教学质量年度分析报告制度。我们采取了动态的专业学习情况调查分析评价机制，以便全面了解学生的学习过程、学习效果和综合发展情况。

最后，我们建立了常态化的人才培养质量跟踪调研机制和用人单位满意度跟踪评价反馈机制。我们积极征求用人单位、毕业生和社会相关部门的意见建议，以便不断改进专业定位、培养方案、课程体系、教学方法等方面的内容，确保毕业生的知识、能力和素质达到用人单位的需求。我们将评价信息充分利用，为人才培养提供有益参考。

四、建设高素质刑事科学技术专业师资队伍

为了提升刑事科学技术专业的教学水平，我们接受了一系列挑战。由于目前只有中国公安大学拥有博士学位授予权，引进高学历人才的途径相对受限。然而，我们可以通过内部教师的深造来解决这个问题。有意愿深造的教师可以选择攻读相关专业的博士学位，例如从事微量物证教学的教师可以选择攻读分析化学专业的博士学位。为了保证深造过程中能够与刑事科学技术专业结合紧密，我们需要加强学校与导师之间的沟通，使研究方向能够符合学科建设的需要。这种方式不仅能够提升教师的学历水平和研究能力，还可以避免教师博士毕业后需要重新选择研究方向的问题。

在课程安排方面，我们应尽量减少教师所承担的课程种类。通过学院的统一安排和教师间的沟通交流，可以让教师专注于某一门或某几门内容相关性很强的课程。这样做可以确保教师有足够的时间和精力去提升教学能力和开展科研工作。

另外，由于刑事科学技术专业的教师背景多样，来自计算机科学、电子物理、分析化学、生物技术等不同领域，我们需要创造条件，让这些教师将自己的研究方向与刑事科学技术专业紧密结合。可以以"为侦破案件指明方向和为案件审理提供有力证

据"为总体方向，突出研究的"刑事科学"特点。这样做可以促进教师在教学和科研方面的专业发展，同时也能够为学生提供更丰富的学习资源和实践机会。

此外，为了确保教学质量，学校和相关部门可以提供给教师参与实务工作的机会。实践是检验理论的最好途径，只有亲身参与实践，将理论知识与实际工作相结合，教师才能具备深厚的知识功底和精湛的实践技能。实践也能帮助教师更好地指导学生，避免教学中的"纸上谈兵"现象。同时，学校还可以利用现有的人才培养平台，采用"双导师"制对刑事科学技术人才进行培养，即建立校内课堂教学和实验技能培训与校内外警务实训相结合的人才培养模式。这种模式能够更好地培养学生的实际操作能力和解决问题的能力，为他们未来的职业发展奠定坚实基础。通过以上方式，我们能够在师资队伍建设方面迎接挑战，确保刑事科学技术专业的教学质量和人才培养水平持续提升。

第三节　刑事科学技术专业课程思政教学改革的路径

一、挖掘课程育人元素，将专业精神融入课程教学目标

刑事科学技术课程的知识目标和能力目标具有极为重要的意义，它们旨在为学生提供刑事科学技术领域的基本理论知识和操作技能。这一教学目标的设计具有双重性质，一方面注重理论知识的传授，另一方面着眼于实际操作能力的培养，使学生在未来的公安实践工作中能够游刃有余。

首先，通过课程学习，学生将获得对刑事科学技术基本理论的全面了解。这包括法医学、物证学、犯罪学等方面的基础理论知识。学生将掌握关于犯罪案件的基本刑事法律知识，了解犯罪的心理学、社会学等方面的理论基础，这将为他们在未来的公安工作提供深刻理论依据。

其次，课程学习还将使学生掌握常用的研究方法，包括实验设计、数据分析等技能。学生将在实践中逐渐领悟到如何进行科学的刑事科技研究，积累实验实践经验。

最重要的是，学生将学到实际工作中常见刑事科学技术项目的操作方法和基本技能。这涵盖了许多领域，如现场勘查、物证检验、法医解剖等。这使得学生在面对实际案件时，能够迅速、准确地运用专业知识和技能，为犯罪侦查提供强有力的支持。

总的来说，刑事科学技术课程的知识和能力目标的设计，旨在为学生奠定坚实的理论基础，培养实际操作技能，使他们能够胜任未来的公安实践工作，为社会稳定和法治建设做出积极贡献。这也是该领域教育的根本目的。

然而，课程的教学不仅局限于知识传授，还应该将思想政治教育融入其中。教师在课堂上可以引入公安战线的学者、专家的事迹，通过这些生动的案例对学生进行思想政治教育。在这个过程中，培养学生的家国情怀、个人品格、科学观念，强化他们的专业素养和职业道德。刑事科学技术课程不仅是专业知识的传递，更是学生德育和思想政治教育的重要平台。

为了充分发挥刑事科学技术课程的专业育人和德育育人作用，教师可以采用多样化的教学方法，如案例分析、团体讨论、实践操作等，激发学生的学习兴趣，引导他们思考社会现象、法律问题，培养批判性思维和创新能力。同时，学校也应该提供必要的支持和资源，鼓励教师参与教育教学改革研究，不断优化课程设置，确保课程内容符合时代需求，既满足专业知识的传递，又注重学生思想政治教育的全面发展。通过这些努力，刑事科学技术课程将真正成为学生成长成才的重要助力。

二、推动课程思政教学方法改革

随着时代的发展和信息技术手段的革新，刑事科学技术课程的教学模式应不断扩展，通过深入推动课堂教学方法改革，探索行之有效的教学方法，多角度、多手段地进行该课程的隐性教育。

首先，在传统的课堂上，教师应整合并采用多种教学方法，以加深学生对课堂教学内容的理解，启发并引导学生深入思考。刑事科学技术课程应以讲授法为主，同时采用问题式、训练与实践式、归纳式等教学方法，将思政元素融入课程教学。

讲授式教学法以教师讲授为主，辅以多媒体和传统板书。例如，在讲解工具痕迹的分类时，可以结合多媒体讲解两大类痕迹，并用板书呈现痕迹的形成、结构和特征的流程图，以直观方式展示教学重点。

问题式教学法是在教学过程中创设问题情境，提出具体问题，启发学生发现新问题，激发学生的学习兴趣，引导学生进行讨论。例如，在讲解乳突纹线细节特征时，可以引用两枚同卵双胞胎右手示指捺印的指印，让学生判断两枚手印是否为同一人所留并指明原因，以调动学生的学习积极性，激发学生的学习潜能，提高学生独立思考和研究的能力。

训练与实践式教学法是通过实验和实践来培养学生自主学习、自主创新、自主分析和解决问题的能力。刑事科学技术是实践性和应用性很强的学科，所以可以通过实验和实践强化学生的专业知识，培养学生发现问题、分析问题、解决问题的能力。例如，在茚三酮显现汗渍手印的实验中，学生可以发现民警将待显客体放在塑料袋里，并对其吹气，通过实验讲解，让学生理解这一做法的背后原理，从而加深对理论知识和实践知识的理解，强化对科学和专业知识的敬畏心理。

归纳式教学法应贯穿于课堂全过程，注重对每一节课、每一章内容、每一个问题中知识点的总结，以帮助学生更好地掌握和应用所学知识。

教师与学生应充分利用网络进行讨论交流。校园网络在信息化时代发挥着重要作用，通过建立微信群、QQ群等，可以向学生推荐有关公安知识、法学等方面的公众号，让学生获取相关信息，形成社会责任感和职业认同感。同时，通过对热点事例和相关影视资源的讨论，培养学生的思考能力，增强他们对打击犯罪的侦破意识，同时促进学生与教师之间的沟通和交流。

最后，课前演讲是一项具有特色的课前活动，通过丰富的演讲主题可以开阔学生的视野，培养学生的爱国情怀、个人品格和科学观，同时锻炼学生的语言表达能力。教师的点评和引导也起到传播正能量的重要作用。例如，开展以"欣赏自己"为主题的演讲，可以引导学生树立自信，合理规划个人发展；开展以"清与浊"为主题的演讲，可以结合时事热点，培养学生清正廉洁、奉公守法、为人民服务的意识。

这些教学方法和活动的综合应用可以促进刑事科学技术课程的更好教学，帮助学生更深入地理解和应用所学知识。

三、将思政元素与专业知识有机融合

根据刑事科学技术教学大纲和课程教学目标，以及人才培养方案为依据，我们可以深入挖掘刑事科学技术课程中所包含的思政元素，将其中蕴含的家国情怀、个人品质和科学观等重要思想政治资源有机地融入教学内容中。这意味着我们要精心设计课程，找到思政育人的切入点，引导学生内化社会主义核心价值观，提高道德情操。

举例来说，我们可以在授课过程中强调科学技术的应用对社会的影响，让学生意识到自己所学的刑事科学技术对于社会正义、法治和安全的重要性。通过案例分析和讨论，学生可以更深刻地理解科学伦理和社会责任，进而提升他们的社会责任感。

此外，我们还可以利用具体的刑事科学技术案例，引导学生思考正义和公平的概念，培养他们对法律体系和社会秩序的尊重。通过分析案例，学生可以更好地理解社会的法治原则，并在实践中贯彻这些原则。

总之，教学内容应该更多地涵盖思政元素，帮助学生不仅掌握专业知识，还能够在实践中将道德观念融入自己的行为，以更好地为社会服务和为人民服务。这将有助于培养更全面的刑事科学技术专业人才，他们不仅具备专业技能，还具有高度的社会责任感和道德情操。

四、探索合理的课程考核评价指标体系

课程考核在教学体系中具有举足轻重的地位，不仅能评估课程的育人成果，更能

引发师生对课程育人的重视。对于刑事科学技术课程，我们采取了"平时成绩＋期末成绩"的考核方式，以确保全方位地评估学生的学业表现。

首先，平时成绩在总评成绩中占据30%的权重，采用形成性评价的方式。这部分评价主要关注学生在课堂学习、笔记记录、作业完成以及实验表现等方面的表现。通过量化这些表现，可以为评价提供可靠的依据。特别是在思政课程中，我们更加重视学生的思想道德行为，如是否守时上课、是否遵守课堂纪律，以及是否具备独立思考等能力。此外，实验教学也是一个重要的评价维度，学生在实验中的原理掌握、实验目的理解、实验流程操作等方面都将被细致评估。

其次，期末成绩占总评成绩的70%，采用终结性评价，采取闭卷考试的形式对学生进行量化评估。这一环节主要侧重于评估学生对课程内容的全面理解和应用能力。特别在思政课程中，我们将着重考查学生在问题分析、问题解决以及独立思考与研究能力等方面的表现。

这样的考核机制不仅能全面评估学生的学业水平，也能激发他们在学习过程中的积极性和主动性。同时，通过综合性的考核手段，我们也为学生提供了一个全面发展、展现自我能力的舞台。

第四节　刑事科学技术专业课程思政教学改革的具体措施

一、优化刑事科学技术专业课程的教学内容

刑事科学技术专业的教学内容和课程体系的改革是教学改革的核心和难点所在。这一改革旨在顺应21世纪科技、经济和社会发展的趋势，以满足人才培养目标和模式的要求。具体来说，需要更新教学内容，优化课程体系，强化课程的整合与重组，并加强各课程的逻辑和结构联系，持续引入社会发展和刑事技术进步的最新成果。此外，还要重视将当代学科发展特点和多学科知识交叉融合到教学内容中，使其保持新颖、精准、实用的特点。

在具体实施中有几个关键方面需要特别注意：

针对当前社会发展趋势和刑事技术人才培养目标合理安排课程结构，需要对现有课程结构进行合理调整，使其更加完善和符合要求。

强化德育教育是当前公安高等院校教育的当务之急。随着社会价值观的不断变革，道德教育的重要性愈发凸显。特别是在培养刑事科学技术专业学生的过程中，需要帮助学生塑造高尚的道德情操，才能真正胸怀家国，具备爱岗敬业的精神风貌。因

此，我们可以考虑增设警德教育课程，通过系统的教学和实践活动，有针对性地培养学生的忠诚意识、警察职业意识和服务意识。

此外，推动实践教育也是十分重要的一环。通过组织学生参与社会实践、深入公安实战部门以及参观爱国主义教育基地等形式，可以让学生亲身感受社会的脉动，加深他们对国情、社情的了解。同时，实践教育也是理论知识应用于实践的桥梁，能够培养学生的实践能力，使其具备应对各种实际情况的能力。

通过强化德育教育和推动实践教育，我们可以全方位地培养出具备高尚品质和职业精神的公安专业人才。这些人才将不仅具备丰富的理论知识，更能在实践中胜任各种复杂的公安工作，为社会的安宁与和谐做出积极贡献。因此，德育教育和实践教育的加强是公安高等院校教育体系不可或缺的一部分。

这样的改革措施将为刑事科学技术专业的学生提供更加丰富、实用的教育环境，有利于培养出符合时代要求的优秀人才。

（1）加强基础课教学，增大选修课比重

长期以来，公安高等院校普遍存在一个问题，就是重视专业教育而相对忽视基础教育，导致学生的应变能力不足，未来发展受到制约。刑事科学技术专业与全球科技发展息息相关，新的技术和设备层出不穷，不断更新换代。如果没有扎实的基础，很难真正掌握这些新技术，也难以充分利用高科技仪器设备。

因此，各公安高校有必要充分认识到基础课程（特别是物理、化学和高等数学）在刑事科学技术专业教学中的关键作用，并切实将其贯彻到教学实践中。此外，选修课程设置不足也是各公安高校普遍存在的问题。据统计，目前各公安高校开设的刑事科学技术专业选修课程一般只有10门左右，而某台湾警察大学刑事警察学系开设的选修课多达41门。选修课对于拓宽学生视野、扩展知识面具有非常重要的作用。增设选修课，对必修课程进行必要的补充，是衡量一所院校师资队伍实力和教学水平的重要指标。

在当前的教育环境下，我们应特别注重突出人文素养的培养。这不仅是一门学科，更是一种精神追求，是对个体品质的提升和内在修养的培养。为此，我们可以开设诸如"中国传统文化""音乐欣赏""名著赏析""美学"等课程，以拓宽学生的视野，提升其人文素养。

将人文知识内化为人文素养，是一种深刻的内在转变，学生更需要将知识融入自己的行为和品格中。通过培养人文素养，我们可以引导学生形成积极向上的人生态度，使其具备高尚的品格和行为操守，从而净化个体的内心世界，培养出高尚的人格。

此外，校园文化建设也是培养人文素养的一个重要途径。学校可以通过开展丰富多彩的文化活动，营造浓厚的人文氛围，引导学生参与其中，从而使人文素养的培养融入学校生活的方方面面。

人文素养的培养，不仅是为了传授知识，更是为了使学生学会做人。只有具备高尚的品格和道德情操，才能在公安工作中表现出色，成为一名优秀的警察。因此，人文素养是培养高素质公安人才的重要途径。

（2）设置一些理论和实践相结合的课程

目前，在公安类高等院校刑事科学技术专业的教学课程设置中，存在一个普遍的问题，即理论教育和实践教育之间的脱节。通常情况下，理论基础教育和专业教育更受重视，这导致学生在动手能力和实际操作方面相对薄弱。然而，刑事技术这一专业涵盖了诸如记录技术、勘验技术、鉴定技术等方面，都需要较强的实践动手能力，这些能力的培养很难在专业基础知识课程中得到有效锻炼。

鉴于刑事科学技术专业教学的现状及其特殊特征，我们必须在注重普通文化教育和专业基础教育的同时，特别强调理论与实践的结合。这是因为这门专业的学生将来面对的工作环境和任务非常具体和实际，理论知识的学习需要与实际操作相结合才能取得更好的效果。

在教学计划的设计中，我们可以增设一些理论与实践相结合的科目。这样做不仅有助于学生对理论知识的理解和掌握，也能提高学生对该门课程的学习兴趣。通过实际操作，学生可以将抽象的理论知识转化为具体的实践技能，从而更好地应对未来的工作挑战。

同时，这种结合也可以有效地锻炼学生的实际操作能力，使其在未来的实践工作中游刃有余。毕竟，刑事科学技术专业的学生将来所从事的工作可能涉及现场勘查、取证、技术鉴定等，这些工作都需要高超的实际操作能力。通过在教学过程中加强理论与实践的结合，可以使学生在面对实际工作时能够更加游刃有余，更能胜任各项工作任务。

总的来说，刑事科学技术专业的教学应该注重理论与实践的结合。通过增设理论与实践相结合的科目，可以提高学生的学习兴趣，使他们更好地掌握理论知识。同时，这也可以有效地锻炼学生的实际操作能力，使他们在未来的工作中能够胜任各项任务，为公安工作的顺利开展提供坚实的人才支持。

（3）课程的设置要注意实用性

调查结果显示，在实际工作中，被调查对象认为应用较多的知识具有较高的重要程度，而认为重要程度较低的则相对较少。例如，89.42%的受访者认为刑事诉讼法学和侦查讯问是重要的，88.14%的受访者认为公安应用写作是重要的，87.5%的受访者认为刑法学是重要的。相比之下，认为派出所工作、治安案件查处、95种刑事案件侦查和群体性事件处置是重要的比例分别为74.36%、74.04%、71.15%、60.26%。而认为形式逻辑、英语、大学语文、公安管理、涉外警务、安全技术防范是重要的比例相对较低，分别为 48.08%、47.44%、36.54%,、34.29%、22.44%、31.2%。

因此，公安类高等院校应当将群体性事件处置和 95 种刑事案件侦查列为刑事科学技术专业的专业课程，以更好地贴近实际工作需求，提升学生在相关领域的专业能力。

（4）刑事科学技术专业教学计划课程结构的设计既要符合社会需求，又要有利于"通才"教育

现代高等教育强调全面培养学生，鼓励设置跨学科、跨专业的系列课程，以培养学生的综合分析、适应、解决实际问题和自主获取知识的能力。在市场经济的背景下，适应"适者生存"的法则尤为重要。对于刑侦人员来说，他们不仅需要具备相关专业知识，更需要成为积极的社会公民。他们无法脱离社会独立存在，必须与社会保持紧密联系。因此，刑事科学技术专业的教学计划和课程设置应当进行改革，以符合这一要求。

随着公安机关改革的不断深化，各级公安机关开始强调"一警多用""一警多能"的理念。这也为刑事科学技术专业的学生提出了更高的要求，不仅要熟悉相关的刑事专业管理，还需要具备更广泛的公安业务知识，成为一个在多方面都能胜任的公安业务"通才"。这样的要求更加契合了实际需求，也使得刑事科学技术专业的学生能够更好地适应改革和实践的需要。

在教学方案的设计中，应该增设诸如市场经济基础、公共关系学、社会调查研究等课程，使学生能够具备一定的社会科学和人文素养，不仅是在技术方面有所涵盖，同时也要具备广泛的社会背景知识。这样的课程设置有助于培养学生的综合能力，使他们在实际工作中能够胜任各类公安业务。

此外，课程的设置也应该容纳一些非专业课程中的公安业务内容，让学生在学习的过程中能够接触到更为实用的公安工作技能和知识。这样的教学方式有助于使学生获得更全面的知识体系，从而更好地适应实际工作中的各种情况。

总的来说，刑事科学技术专业的学生面对公安机关改革的新形势，需要具备更全面的知识和能力。教学计划的调整应该符合实际需求，增设相应的课程，培养学生的综合素质，使他们能够在实际工作中胜任各类公安业务，真正成为"一警多能"的公安业务人才。

（5）刑事技术教学应增加犯罪心理学以及相关课程

随着市场经济的发展，犯罪呈现了多样化、智能化、集团化和低龄化的特征，这使得以往的静态侦查破案变得更加困难。传统的物理痕迹在犯罪现场的反映呈下降趋势，然而，在真实的刑事案件现场勘查中，刑事侦查人员通常非常重视对犯罪现场物质痕迹的发现、提取、分析、检验和鉴定，却往往忽视了对犯罪现场心理痕迹的分析。

现场心理痕迹指的是犯罪分子在实施犯罪行为时，在犯罪现场遗留下的有形物质

痕迹，或者相关人员的记忆和描述，表现出特定、一致、典型的心理特点以及独特的思维现象。它与其他物质痕迹一样属于犯罪痕迹的范畴，但心理痕迹并不是孤立存在的，它源自物质痕迹，与之既有区别又有联系。这一现象的产生有两方面原因：一方面与侦查理论偏向于物质痕迹有关，另一方面也与侦查人员在心理学方面知识的匮乏和知识结构的缺陷有关。

在办案过程中，办案人员的责任感至关重要。他们需要不断提升自己的专业知识，特别是在犯罪心理学等领域，因为这些知识对侦破整个刑事案件过程至关重要。理解并准确应用犯罪现场心理痕迹，是取得成功的关键之一。公安类高等院校的刑事科学技术专业，应当加强犯罪心理学等相关课程的教学，以确保学生在学校阶段就能够掌握这些重要知识。这些课程的加入可以使学生更早地接触到现实世界中的刑事侦查问题，从而更好地适应社会对刑事侦查能力日益变化的需求。此外，办案人员还需要注重现场犯罪心理档案的收集和科学管理。这些档案记录了犯罪现场的重要信息，对于案件的侦破和犯罪心理分析具有重要价值。因此，办案人员需要具备对这些档案进行正确管理和应用的能力。

总的来说，办案人员在犯罪侦查工作中，不仅需要具备扎实的专业知识，特别是在犯罪心理学等方面，还需要具备高度的责任感和科学管理能力。公安类高等院校的刑事科学技术专业应当根据社会需求，及时调整教学内容，使学生在校期间就能够获得实用的刑事侦查技能和知识。

（6）教学内容与时俱进

随着知识经济时代的到来，科技的迅速发展使得刑事技术也在不断变革。在教学方面，及时吸纳新的技术方法和介绍最新的仪器设备，不断更新教学内容，同时及时清除过时的、淘汰的教材，使教学内容始终保持新颖活力，体现时代特色。

在英美等国的警察教育体系中，课程与教学内容灵活，时刻保持与社会发展变化的契合，这是其成功的关键之一。特别值得一提的是，美国的警察院校及培训机构不将教育培训课程一成不变地固化下来。相反，他们会根据社会治安情况的新变化和出现的新问题，以及形势任务的变化，灵活地增减相应的课程。

在英国，各警察学院设有由学院院长和各警察局局长组成的管理委员会，作为学院的最高权力机关。他们每年举行四次会议，讨论学院建设和发展的重大问题，共同制订教学培训计划，深入研究教学内容和教学方法。在专业教学方面，主要听取各警察局局长的意见；而在基础理论方面，则听取地方大学校长和教务长意见。

此外，在管理委员会认真听取各方面关于教学和知识更新方面的改进意见后，他们会对教学计划进行仔细研究和修改，以确保制订出新的教学计划。这种灵活的教学体系调整机制，使得警察教育能够紧密跟随社会发展脉搏，时刻保持教育内容与实际需求的一致性。

综合而言，英美等国的警察教育体系凭借其灵活的课程调整机制以及与时俱进的教学内容，为培养高素质警务人员奠定了坚实基础。这种注重实践、紧密结合社会实际的教育理念，值得我们在公安类高等院校的教学体系中进行借鉴与推广。

（一）改革教学内容中的实验教学

实验教学与理论教学在侦查学、刑事技术、专业基础教学中密不可分，它具有直观性和综合性，可以帮助学生通过实践感知专业知识理论的实质，以及刑侦工作的丰富实践经验；培养和提高刑事科学技术专业学生的职业素质、实践动手能力、综合分析能力、科学探索精神和团队合作精神。实验教学是培养公安刑侦人才职业素质和实践能力的重要环节。当前，许多公安高等院校的教学还相对封闭，过于强调学历教育，不太符合社会需求。因此，突出实践教学的针对性和实效性，使教学内容更具实用性，是公安高等院校教学改革的重点之一。另外，考虑到刑事科学技术专业的特点，学生专业技能的培养应成为专业教育的核心内容。在此背景下，提供更多的实践锻炼机会，是培养和提升学生专业技能的必要条件。模拟实践教学环节是值得推崇的做法。例如，英国警察学院投入巨资建设了一系列模拟训练室，让学生在接近实际情景的环境下接受训练，如民宅模拟室、储蓄所模拟室、商店模拟室等，从而提升了学生的实战能力。

在刑事科学技术专业教学中，采用模拟案例教学是培养学生实际技能的一项重要方法。这种教学模式在美国的 MBA 教育中得到了广泛应用。通过将理论知识与实际案例相结合，运用角色扮演、管理游戏、模拟法庭等手段，使学生能够在校园环境中获得适应未来工作的实践经验和操作能力。

实验教学在刑事科学技术专业中的地位十分重要。其核心在于培养刑事科学技术领域的专业素养，提高学生的业务实践能力。通过实验活动，学生得以直接参与案例模拟和实际操作，从而建立对公安刑侦工作的认知与把握。这种亲身参与的教学方式，能够促进警察意识和职业精神的养成，有助于学生逐步形成具有公安特色的职业素质。在模拟案例教学过程中，学校应当构建完善的专业知识理论体系，为学生提供坚实的理论基础。通过理论知识的传授，学生能够在实践中更好地应用所学知识，从而提升公安刑侦业务技能与综合素质。

总的来说，模拟案例教学是一种高效的教学方法，尤其适用于刑事科学技术专业的教学。它为学生提供了一个贴近实际工作的学习环境，培养了他们的实际操作能力和问题解决能力，有力地促进了专业素养的提升。同时，这种教学方法也为学生未来的职业发展奠定了坚实的基础。

（二）教学内容重视学生综合能力的培养

刑事科学技术专业的教学应注重学生综合能力的培养，强调教学环节的整体性和连贯性。目前公安高等院校的课程设置相对独立，各学科之间的联系并不是非常紧密，这可能导致学生掌握的知识不够系统，难以在实际问题中灵活运用，也容易陷入思维的困境。此外，过度强调知识的传授和记忆，而忽视了学生的实践体验，容易造成理解不足的问题。

为了解决这些问题，公安高等院校在刑事科学技术专业教学中可以采取一些措施。首先，除了学科课程外，可以引入案例综合训练，让学生在模拟的实际场景中应用所学知识，培养他们的综合能力。其次，可以充分利用各种教育资源，提供丰富的实践机会，让学生亲自动手，改变传统的教学方式，培养学生的探究精神、创新思维和实践能力。

这样的教学方法不仅能够使学生更好地理解和掌握所学知识，也有助于他们将不同领域的知识进行整合，提升综合分析和解决问题的能力。美国、英国等国的警察院校，已经非常重视这种教学模式，通过严格的基本技能培训和实战演练，确保新警员具备上岗所需的基本能力。可见，在刑事科学技术专业教学中，加强综合训练是培养学生综合素质和实践能力的必然趋势。

二、创新信息时代网络环境下的教学方法

网络教育已经深刻地影响了教育领域，不仅网络学院，普通学校也纷纷采用了网络教育模式，公安类高等院校也不例外。这是因为网络教育具有许多优势。随着我国多媒体网络教学的迅速发展，刑事科学技术专业的从业人员在工作中的信息化程度也在不断提升，同时，犯罪分子的作案手段也变得更加高科技化，这使得基于信息技术的网络教育模式变得不可或缺。因此，刑事科学技术专业的教师们需要掌握在网络环境下进行教学的方法。

网络环境下的教学设计是指充分利用网络作为基本媒介进行教学时所开展的教学设计活动。相对于非网络环境下的教学设计，网络环境为教学设计带来了一些微妙但非常重要的变化，这一点已经得到了实践和理论研究的验证。因此，设计和应用适应新的网络环境的网络教育模式已成为教育发展的必然趋势。

在现代网络环境下，教学实现了建构主义学习理论的要求，将学习者置于学习的核心位置，鼓励他们积极主动地参与学习，自主管理学习过程，成为学习的主体。这一变革不仅提升了学习者的自主性和参与度，也为刑事科学技术专业的教学提供了更广阔的发展空间。

对于公安类高等院校的教学而言，广泛应用网络和多媒体已经成为课堂和实践教学的常态。通过网络环境，教师可以利用丰富的资源、多样的教学手段，为学生提供更具交互性和个性化的学习体验。同时，网络环境下的教学还能够突破地域的限制，

实现异地教学、远程教学，为学生提供更广泛的学习机会。

因此，分析和构建适应网络环境的学习方法对于刑事科学技术专业至关重要。这包括设计合适的网络课程结构、选择有效的教学工具和资源、引导学生主动参与讨论与互动，以及及时反馈和评估等方面。在网络环境下，教学方法的创新和优化将为刑事科学技术专业教学质量的提升提供强有力的支持，也将为学生提供更具实效性和灵活性的学习体验。

自主学习模式是指学习者在学习过程中相对独立地进行学习，不过分依赖他人的帮助。自主学习不仅要完成专业知识的教育功能，还要帮助学习者实现从"自由学习"到"自觉学习"再到"自主学习"的学习观念转变，培养他们成为高度自主的学习者。这也成为网络环境下学习者自主学习模式的主要目标。

探究学习模式强调学习者的探究和发现过程，将现象重新组织或转换，从而获得新的领悟。网络环境为学习者提供了丰富的信息和资源，为他们提供了更广泛的交流、讨论空间，这也为探究性学习提供了更为丰富的条件。

协作学习模式是指利用计算机网络支持群体成员间进行协同学习，共同完成某项任务。协作学习在提高学习者的学习业绩、帮助学习者形成批判性思维与创新性思维等方面都有明显的积极作用。在协作学习中，学习者能够相互帮助，实现双向互动，这也充分体现了网络信息交流的优势。

总的来说，网络环境下的学习模式构建是非常重要的。网络教育模式的发展也将成为教育的必然趋势。

在公安类高等院校刑事科学技术专业的课堂教学中，多媒体教学成为一种重要的教学方式。将计算机与投影、电视、电脑相连接，教师可以展示精心准备的课件，这种教学形式能够提供丰富生动的教学资源，有助于激发学生的学习积极性，提高课堂学习效率，进而提升教学质量和效果。特别是在刑事科学技术专业的案例教学或实例教学中，通过图片或视频的展示，可以更真实地呈现犯罪或作案现场，促使学生进行深入的分析与讨论。

另外，局域网中的自主点播教学模式也备受关注。在这种教学模式下，学生可以根据个人学习进度自主选择进行学习。教师需要精心制作超前于教学进度的课件，以确保教学内容清晰流畅，可以随时进行点播。学生的提问将由教师在现场进行解答。这种模式在宏观层面上对教学进行了辅助，教师通过对课程的研究，设计合理的教学脚本。学生在使用时可以体验到"个别交互"的辅助教学，这使得刑事科学技术专业的学生可以根据自己的兴趣和学习进度进行自主选择听课，重点研究感兴趣的领域，有助于学生拓宽自己的知识面，培养个性化的能力。

此外，远程互联网络自主点播教学模式也是一种值得探讨的教学方式。这种方式要求教师创建大量高质量的课件和电子教案，供学生在远程环境中自主点播学习。在这种模式下，教师和学生不需要在同一地点，也不需要在同一时间进行集中学习。学生可以在任何时间、任何地点进行学习。多媒体和网络技术的应用使得课堂教学生动、形式新颖、信息量大。通过教师、计算机和学生的三方互动，提高学生的注意力，以达到更好的教学效果。同时，也为教师提供了一个形象生动的表达工具，以激发学生的学习兴趣。通过富有娱乐性的练习，还能轻松地巩固已学知识，有效地激发学生的学习热情。

三、强化实践教学系统

（一）集中实践教学和分散实践教学相结合

公安类高等院校的刑事科学技术专业在实践教学方面起到了至关重要的作用。然而，在当前的教学安排中，实践教学往往集中在特定的时段进行，这在一定程度上存在一些问题。

例如，西南政法大学刑事科学技术专业将实践安排在每年7月中旬至9月下旬，这样的集中实践教学虽然可以在短时间内让学生接触大量案例，但也有可能导致理论知识和实践能力的脱节。学生可能会在实践中熟练掌握一些技能，但难以将所学的理论知识与实践有机结合，难以在实践中运用所学知识解决问题。为了解决这一问题，建议公安类高等院校的刑事科学技术专业可以采取集中实践教学和分散实践教学相结合的方式。具体来说，可以将实践教学融入到学生学习相关理论课程的过程中，形成理论与实践相互促进的教学模式。

比如，在理论课程中可以通过案例分析、模拟实验等方式，引导学生将所学的理论知识应用到具体实践中。同时，可以安排一些小型实践活动，让学生在课程学习的同时逐步接触实际案例，培养实践技能。

这样的教学模式有助于学生更系统地掌握理论知识，同时也能够在实践中培养他们将所学知识灵活运用于实践的能力。这种方式不仅可以提高学生的实践能力，也能够使他们在未来的专业工作中更加游刃有余，为社会的安全和稳定贡献自己的力量。

（二）统筹校内与校外实践教学

公安类高等院校在校内实践教学方面已经取得了显著的成绩，特别是在刑事技术管理思路和方法的阶段性训练方面。然而，相对于校内实践，校外实践教学并没有得到足够的重视，或者说，尽管受到了关注，但没有得到充分的实施。

校外实践教学是学生综合素质培养的重要组成部分，它强调的是综合性、操作性以及应用性的训练，旨在最终培养学生的综合技能。在校外实践教学方面，目前主要采取了假期见习和毕业实习两种形式。这两种形式为学生提供了一个接触真实工作环境、将理论知识与实践相结合的机会。在实践教学的课时安排上，我们应力求在理论教学和实践教学之间保持 1 ：1 的比例，特别是对那些操作性、技能性较强的课程。通过合理的课时安排，可以确保学生既能够在课堂上学习理论知识，又能够在实践中将所学知识应用到实际工作中去，从而获得理论与实践相结合的教学效果。

1. 见习类教学实践体系

见习类教学实践活动在校外教学实践中扮演着至关重要的角色，它主要以假期见习和双休日见习为主要形式。首先，需要制订周密的假期见习计划，明确见习的目的和内容。在刑事科学技术专业的教学计划中，应将假期见习视为社会实践教学的重要组成部分，根据公安类高等院校刑事科学技术专业人才培养的要求，制订详细的见习计划，明确不同教学阶段假期见习的目标，规定见习的教学时间、作业和要求，从制度层面上保证假期见习的实施，避免使实习流于形式，从而更好地实现教学目标。

其次，要加强和完善对见习工作的指导、监督和考核机制。需要进一步改变学生自行联系见习单位的做法，将假期见习工作纳入规范化的轨道，按照就近原则合理安排见习单位，以减轻接收单位在生活安排和见习管理方面的压力，同时也为见习学生提供更多的锻炼机会。针对不同教学阶段的见习目的和要求，明确分配见习任务，并指定专职教师和实习单位从日常管理和见习作业等方面加强对假期见习工作的指导、监督和考核，从而有效提升假期见习工作的教学质量。

最后，要组织双休日见习活动。在刑事科学技术专业的教学过程中，应充分挖掘和整合教学资源，利用已建成的实习基地条件和优势，通过轮换的方式组织学生参与双休日见习活动，使学生能亲自参与刑侦工作的各个环节，按照实际操作要求进行实践，以培养其操作技能。

2. 实习类教学实践体系

实习是教学实践中至关重要的一环，需要遵循学校规章制度，科学统筹安排。在教学计划中明确实习任务，确保教学资料准备完备，制订实习计划并提供指导意见，保证实习过程有完整的记录，并按时完成实习作业。实习结束后，学生必须撰写实习报告。

为了建设稳定的实习基地，可以与基层公安机关共建警、学、研实习基地，充分发挥双方的优势。此外，可以改进原有的师徒实习模式，推行"双师"制。这样，由基层公安机关推荐的优秀刑事科学技术专业人才担任实习生的主导师，学校的相关教师则担任副导师。

在实习过程中，可以科学筛选出基层公安机关刑事技术管理部门亟需解决的一些关键问题，并展开科学研究，学会运用前沿的刑事科学技术理论知识解决这些问题，提出解决对策。同时，可以分阶段安排教师进行辅导检查，布置实习作业，并进行跟踪管理，及时解决学生在实习过程中遇到的问题，确保实习工作的质量。

将实习工作纳入实习单位的年度工作规划，并将其作为考核带实习生刑侦工作人员工作业绩的重要依据之一，可以不断增强带实习生刑侦工作人员的岗位荣誉感和工作责任感。

（三）开拓校内外实践教学基地

公安高职高专的刑事科学技术专业应依托行业优势，建立校内和校外两大实践、实训教学基地，为学生的实验、模拟教学、专业实习提供有力保障。

校内实践基地的建设和发展是刑事科学技术专业教学的重要保障。首先，我们需要特别关注课堂实践和物证鉴定中心的实践环节，确保实验教学的有序、规范进行。这不仅能够让学生在实践中理论联系实际，还可以培养他们的动手能力和解决问题的能力。同时，我们也要逐步增加综合性、设计性实验项目的比例。通过这些项目，学生可以在实践中接触到更为复杂的情况和问题，从而提升他们的实践能力和创新意识。这样的实践教学模式有助于培养学生的综合素质，使他们在未来的工作中能够胜任各种复杂的任务。

此外，我们也要重视改善实验条件，确保学生在现代化的实验环境中进行学习。现代化的实验设备和先进的技术平台可以给学生提供更好的学习体验，也有助于他们更好地理解和掌握专业知识。

学校物证鉴定中心的建设对于实践教学起到了重要的支持作用。它不仅提供了实践教学的场所和设备，还促进了刑事技术实验室的现代化建设。通过承接案件，这个中心能够及时了解当前的犯罪信息，保证实验室科技含量的先进性。这不仅有助于提升实验室的研究水平，也为基层公安部门提供强有力的科技支持，从而更好地维护社会安全稳定。因此，学校物证鉴定中心的建设对整个刑事科学技术专业的发展和实践教学的推进都具有非常重要的意义。

以上举措将为刑事科学技术专业学生的实践教学提供有力保障，培养更具实践能力的人才。校外实践教学基地的建设是刑事科学技术专业教学的重要组成部分。为了提升学生的实践能力和实际操作技能，我们需要在校外选择高质量的实习基地，并与各地市公安机关刑事技术部门建立长期的合作关系，签订稳定的协议。这样可以确保学生在实践环境中接触到真实的案例和实际的工作场景，从而更好地理解和掌握专业知识。为了更好地安排实践教学时间，我们建议将专业实习的时间由 10 周增至 16 周。并且可以采取集中实践和分散实践相结合的方式进行，这样可以让学生在不同的实践环境中获取更丰富的经验，拓宽他们的实践视野。

在实习期间，可以由系部派出专业教师和聘任专家共同对学生进行实习和毕业论文的指导。通过专业教师和专家的共同指导，可以确保学生在实践中能够得到及时的指导和反馈，从而提升他们的实践能力和独立解决问题的能力。

此外，也需要调整见习的内容和时长，将见习时间由 5 周增至 8 周。在每次见习时，可以分专题并带着具体的问题进行，引导学生深入了解案件情况，掌握实践技能。这样可以提升见习效果，让学生在实践中取得更为显著的成果。

总的来说，校外实践教学基地的建设和管理需要全方位的考虑，从合作关系的建立到实践教学的具体安排，都需要细致周到地进行规划和落实，以确保学生能够在实践中获得最大的收益和成长。

四、创建新型的师资团队

《国家中长期教育改革和发展规划纲要（2010-2020年）》的强调非常准确，教育是民族振兴社会进步的基石，而教师则是教育事业的关键所在。一支高素质、结构合理、相对稳定的教师队伍，对于教育改革和发展至关重要。在刑事科学技术专业教学领域，构建高素质的教师队伍更是举足轻重。这个过程需要从多个方面入手：首先，加强教师的政治业务素质。教师不仅要具备扎实的专业知识，还要具备良好的政治觉悟和业务能力，这样才能更好地为学生提供高质量的教育。其次，要合理构建师资队伍的结构。包括高级职称教师、中级职称教师以及新进教师，各个层次的教师都需要有序发展，形成一个合理的结构，保证教学工作的全面推进。最后，要注重教师队伍的相对稳定性。教师的相对稳定性不仅体现在教师本人的持续服务，也包括了学校提供的良好的职业发展前景和发展机会。只有教师们感受到了学校对个人发展的关心和支持，才会更有动力地投入到教学工作中。在师资队伍的管理方面，也需要建立科学的评价机制，对教师的教学水平、科研能力、教育教学改革等方面进行全面评估。这样不仅能够激励教师们提升自己的教学水平，也可以为学校提供选优留才的依据。

总的来说，构建高素质的教师队伍是刑事科学技术专业教育改革和发展的基础和保障。只有高水平的教师队伍，才能够为学生提供更优质的教育，促进专业教育的蓬勃发展。

（一）建立一支适应新形势需要的高素质师资团队

教师队伍是公安教育事业的核心。教师的业务能力、职业道德水平以及创造性思维水平直接影响着学生的学习成果。作为高等教育的专业院校，公安院校必须紧跟时代发展的步伐，构建一支具备强大业务能力、富有创新精神和创造力的教师队伍。

目前，公安院校教师队伍在年龄、学历、职称等方面与素质教育的要求还存在较大差距，队伍建设相对薄弱。这种状况如果不得到改善，必然会影响学校的教学质量和学术水平。事实证明，没有高水平的教师团队，就无法提供高质量的教育。一支思想政治觉悟高、业务素质过硬的师资队伍是办好公安教育的重要保障。

确保师资队伍的高质量建设是至关重要的。为此，我们需要有针对性地解决以下关键问题：

解决学科师资分布不均的问题，特别是缺乏公安类刑事科学技术专业学科教师的情况。

调整师资结构使之更为合理。这包括引进高层次学历人才，补充年轻教师以实现合理的年龄结构，以及着重解决高级职称人才比例偏低的问题。此外，需要关注知识结构，确保教学内容与实际需求相符。

更新教育理念，树立现代教育观念。教师们需要了解公安素质教育的重要性，明白如何培养学生的实践能力和创新能力。这意味着每一位教师不仅要具备扎实的理论知识和高水平的教学能力，还应具备强大的专业实践能力和丰富的实际工作经验，同时具备高尚的师德和卓越的业务水平。

解决名师匮乏的问题。学校应重点培养一批学科带头人，鼓励他们在教学的同时深入研究，发表专业论文，取得高质量的科研成果，从而成为名师。

可以考虑在教师管理中实施职务聘任制。这是一项可以调动教师积极性，发挥教师才智，保证教学、科研任务完成、加强岗位责任制，促进人才合理流动的教师管理制度改革。

加强教师业务培训。通过参加硕士、博士学位课程，教育理论培训班，单科进修，学术交流等方式，不断提升整体教师队伍素质，形成师资队伍的良性循环。

（二）人事制度改革与人才保障机制建设

我们要积极构建优秀人才的发展平台，确保优秀人才能够充分施展才华。为此，我们需要深化人事制度改革，制定有力的措施，以保障发挥人才的最大效用。同时，我们也要构建人才优势，及时引入新的人才，并为他们创造发挥才华的条件。在人才队伍建设方面，我们要注重梯队建设，发挥整体性人才资源的优势，通过精心选拔人才来推动学科的发展。此外，我们还要逐步建立有利于发现、培养、吸引、使用人才的竞争激励机制。对于现有教师队伍，我们要依靠他们，通过加强学习、培训，与时俱进，不断提高学术水平和业务水平，以满足素质教育的需要。这些措施将为优秀人才的脱颖而出提供良好的支持和保障，助力我们构建一支高素质的师资队伍，提升学校的教学质量和学术水平。

1.重点培养学科带头人和学术骨干

我们要坚持"三严一优"的原则，即严格选拔条件，严格选拔程序，严格管理，同时优先保障待遇。我们将为优秀人才提供出国留学、成为访问学者等机会，并有计划地派遣他们到国内知名学府深造。通过培养学科带头人和学术骨干，我们将提升公安院校的教学和科研水平，推动学科和专业的发展，使整体师资队伍水平得到提升，从而保证学校的教学和各项任务的顺利完成。同时，在学术带头人和学术骨干的引领下逐步建设一批具有一定影响力的专业和学科，为建设重点专业和学科奠定坚实基础。

2. 加强青年教师的培养，努力提高青年教师的综合素质

我们将制定一套科学合理的青年教师培养计划和进修制度，采用长短结合的方式进行业务进修，以完善青年教师的专业知识结构，让他们了解本学科专业的发展动态，提升专业知识水平。同时，我们将充分发挥中青年教师的骨干作用，选拔那些具有坚实理论基础、科研潜力突出、外语扎实、在学术上崭露头角的教师，让他们担任学术带头人，发挥他们在团队中"传帮带"的作用。通过这些努力，我们将培养出一支结构合理、实战经验丰富、具有一定理论基础的"双师"型师资队伍。

（三）稳步推进教官交流制

为了确保教学与实践紧密结合，我们提出教官交流制度，即教师双向交流。这是一项关键举措，旨在强化师资队伍建设，提升整体素质，促进公安教育更好地与实际相结合。特别是在刑事侦查、刑事技术、治安管理和法医学等实践性强的公安专业，我们需要不断丰富实践经验以保持学科的活力。然而，受传统高校管理模式的限制，教学工作与实践之间存在一定程度的脱节，如果长期持续下去，将会影响人才培养质量。因此，我们将积极实施"开门办学"，让教师定期到公安机关实践锻炼、参与办案、增强实际认识，使教学更加贴近实战。同时，我们将择优邀请公安一线的领导、专家来校举办讲座，实现理论与实践的有机结合，以促进学历教育与职业教育的有效融合。为了确保教官交流制度的有效实施，我们将制定相应的待遇政策，并在人事管理体制上进行大胆创新，例如实行公安院校领导与公安机关领导互相兼任制，共同商议学校建设与发展大事、制度等。通过双向交流，我们将克服教学工作中理论脱离实际的问题，为公安教育提供更有力的支持。

为了提升教师的实践能力和教学水平，我们需要着重解决以下几个关键问题：

首先，解决教师办案权的问题至关重要。大部分公安高校的刑事科学技术专业教师尚未获得刑事鉴定权，这意味着他们无法独立办案，无法真正锻炼实践能力，也难以深入了解公安实践。因此，取得刑事鉴定权是教师下基层锻炼的基本前提。

其次，选择长期稳定的锻炼点是必要的，我们需要有远见地规划这些锻炼点。应选择社会治安情况严峻、案件较多、警力缺乏的地区作为锻炼点，同时学校也应投入相应的生活和办公设施，为教师提供安心锻炼的基本条件。

最后，有效的管理也至关重要。基层公安领导应将教师视作自己的一员，勇敢地使用他们，放心让他们深入公安一线并承担一定的责任。同时，学校也应派人管理和协调，及时解决教师在锻炼中遇到的各种困难，以保证锻炼的有效性。

通过这些举措，我们将为教师提供将理论与实践紧密结合的机会，使他们能够深

入了解公安工作的发展和变化，将这些经验融入日常教学中，从而推动学校的教学紧密围绕公安工作的实际展开，为培养优秀的公安工作人才提供坚实支持。

五、改革考试形式向多样化发展

建立一个健全的学生学习成效评价体系对于教学质量的提升和学生个体的发展至关重要。它不仅能够激发学生的学习积极性，还可以为他们提供明确的学习方向和动力，从而促使他们在专业学习中取得更为显著的成绩。

在刑事科学技术专业的教学中，尤其需要一个完善的学生学习成效评价体系来保障教学改革的成功实施。随着教学水平的提高，传统的考试方式逐渐显露出其局限性，有必要进行考核方法和内容的全面改革。这意味着我们需要强调多样化、灵活性和实效性的考核方式，以更好地调动学生的学习积极性，促使他们在理论和实践方面取得更好的平衡。

特别是在刑事技术、痕迹检验、文件检验等课程中，我们进行了考核方式的改革，建立了相对完整的学生学习成效评价体系。这一体系将课程成绩拆分为三个模块，分别是课堂出勤率与实验课表现、实践技能考核及参与技能节情况，以及笔试。其中，实践技能考核被赋予了与理论考试同等重要的地位，这不仅有助于减轻学生在理论考试方面的压力，也初步解决了"高分低能"的现象。

这一系列的改革举措有助于全面评估学生的学习成果，为他们提供更多发展的机会。通过注重基本技能和实际动手能力的培养，我们培养了更具实践能力的刑事科学技术专业人才，使他们在未来的实践中能够更好地应对各种挑战。这也将有力推动刑事科学技术专业的教学发展，为相关领域的人才培养和实践活动提供坚实的保障。

（一）改革传统的理论课考试方式

传统的理论考核方式已经在各个公安类高等院校得到较为完善发展。以下简要介绍几种常用的理论课考试方式。

1. 闭卷式考试

作为传统考试形式之一，闭卷考试长期以来被广泛采用。在应用中，可以结合其他考试形式进行分别考核，然后按照一定比例计入总成绩。考试题型不仅包括填空、判断、概念、简答、论述等，还应根据课程特点增加"案例"题型，通过选择难易适当的案例材料考查学生的问题分析和解决能力。同时，采取教考分离的方式，由非授课教师出题，并计划逐步建立题库，对有条件的课程可以采用机读答卷，以保证考试成绩的公正客观。

2. 论文式考核

论文式考核可以作为平时成绩的考核之一，按一定比例计入总成绩，也可以直接作为期末考试的一种形式。在教学过程中，教师逐步引导学生选择论文题目，提供参考题目，并鼓励学生根据兴趣进行选择。学生需要通过查阅相关资料、实验、实地调查等方式，独立完成一篇论文。教师需要给予学生充足的时间和空间，使其能够充分占有资料，进行问题的分析和解决。

3. 综合试卷式考核

综合试卷考核实质上也是一种闭卷式考试，但试卷的设计内容却有所不同，因此单独列出。综合试卷类似于目前高考中的文科综合试卷或者理科综合试卷，可以作为几门专业课的综合试卷。综合试卷式考核通常在几门专业课的教学基本结束后进行。这样的考核方式可以加强几门课程之间的联系，对于培养学生的思维能力、分析问题和解决问题的能力非常有效，值得大力推广。

（二）实践考核方式

实践教学在刑事科学技术专业中的重要性日益凸显，对应地，实践教学效果的评估方式也变得至关重要，它是确保实践教学成功实施的保障措施。

1. 多样的监督考核方式评估实验教学效果

实验课程学时占整体学时的一部分，实验大纲明确了实验所占的学分比例，对于独立设置的实验按照学分制进行评估。采用平时成绩与期末考试成绩相结合的方法，平时成绩主要包括实验操作、实验能力、实验结果和实验报告的准确度与规范性。应该定期和不定期地采用抽样调查的方式对实验教学进行监督，及时解决教学中出现的问题，推动教学质量的提升。

2. 制定实践考核评价标准

根据课程实验教学内容和技能点，建立一系列实践综合技能考核题库。其中包括考核项目的名称、目标、内容、实施方式以及详细、易操作的评分标准等。为了鼓励学生积极参与学校的年度技能节，可以对在技能节中获奖的学生给予适当的加分。

3. 严格的实践考核方法

在学期初就向所有学生通报实践考核信息，使大家从一开始就高度重视实验课中的实践技能训练。在学期结束前一个月，教师将包含所有课程实验的综合技能考核题目提供给学生，学生可以利用实验室开放时间进行全面的实操练习。实施考核时，教研室的所有老师都参与其中，学生通过抽签的方式确定实践考核的操作项目，由主考老师进行跟踪考核。然后根据学生的技能熟练程度、操作质量、及时性和结果等依据评分标准来确定成绩。尽管这需要老师付出大量精力，但对于培养学生实践动手能力、提高操作技能至关重要而又十分有效。对于课程实习和专业综合实习，我们制定了独立的实习大纲，包括实习的目标、内容、方法和评分标准，以独立评定成绩。

通过改革传统的考试制度，根据各门课程的特点、教学情况以及实验条件选择不同的考核方式，以科学、合理的方式进行评估，才能充分调动教师和学生的积极性。

第五节　刑事科学技术专业课程的教学评价

一、刑事科学技术专业课程教学评价指标以及权重的确定

刑事科学技术专业的教学质量评价指标是公安类高等院校教师教学评价的重要标准之一。考虑到该专业的实践性，制定特定的评价指标是必要的。教师的教学质量评价受到多方面因素的影响，包括教学态度、内容传授、教学方法以及教师的综合素质等方面，同时也涵盖了学生的学习状态、学校的教学环境、社会氛围以及相关政策等因素。

在建立刑事科学技术教学评价体系时，首先需要结合我国公安类高等教育的需求，遵循公安部的相关文件精神，以提升教育质量为根本目标。其次，应借鉴国内外公安类高校的评价经验，结合本校的教学改革实践和刑事科学技术专业的特点，采用系统分析的方法，从综合素质和实践素质两大方面着手，确立科学的评价指标体系。常规素质方面的评价指标包括基本素质、常规课程教学态度、常规课程教学能力、常规课程的教学方法与手段、学术水平等。实践教学素质方面的评价指标包括实践教学的态度、实践教学的能力、实践教学的方法。

最终，我们设计出一套切实可行的"公安类高等院校刑事科学技术专业教师教学质量评价指标体系"，该体系能够真实地反映学校的教学过程本质，同时符合国家和社会对学校人才的基本要求。根据现代教学理论，教学过程应是一个促进学生全面发展的过程。因此，这一教师教学质量评价指标体系要求教师在课堂中树立全面的教学观，给予学生全面的教育，不仅注重知识传授和基本技能培养，也注重学生实践能力的培养。

表 7-1　公安类高等院校刑事科学技术专业教师教学质量评价指标体系

常规素质评价指标	基本素质	教师的综合素质
		责任心
		教学作风
	常规课程教学态度	对教学工作的热爱情况
		上课时的精神和仪表情况
		讲课的认真程度
	常规课程教学能力	能否把复杂的问题表达清楚
		能否有效地利用各种常规教具
		授课思路是否清晰，重点是否突出
		教学内容是否充实，课程进展得当
	常规课程教学方法	能否引导学生独立的思考
		是否引导学生探讨解决问题
	学术水平	教师学历学位
		教师知识渊博
		对课程的整体满意程度
实践教学素质评价指标	实践教学态度	对实践教学的重视情况
		实践教学过程中的认真程度
	实践教学能力	理论知识和实践的结合程度
		教师自身的实践水平
		在实践中有效引导学生的情况
	实践教学方法	在实践中对设备使用的熟练情况
		实践教学培养学生操作能力的情况
		实践教学中采用创意性的教学方法

（二）刑事科学技术专业教学评价指标的权重

确定了公安类高等院校刑事科学技术专业的评价指标后，必须对这些指标的相对重要程度进行权衡，因为它们在评估教师教学质量时的影响程度不同。

1.确定刑事科学技术专业教学评价指标集

通过对评价指标的分析，可以将评价体系划分为三个层次，分别是一级指标、二级指标和三级指标。在此基础上，可以确定刑事科学技术专业教学的评价指标集。

N=（n1，n2），n1=（n1-1，n1-2，n1-3，n1-4，n1-5），n2=（n2-1，n2-2，n2-3）……

n1-1=（n1-1-1，n1-1-2，n1-1-3），n1-2=（n1-2-1，n1-2-2，n1-2-3）……

n2-1=（n2-1-1，n2-1-2），n2-2=（n2-2-1，n2-2-2，n2-2-3），n2-3=（n2-3-1，n2-3-2，n2-3-3）……

评价体系包含了总体的刑事科学技术专业教师教学质量评价指标 N，它涵盖了两个一级指标，分别是常规素质评价指标 n1 和实践素质评价指标 n2。在常规素质评价指标 n1 中，包括了五个二级指标，分别是基本素质指标 n1-1、常规课程教学态度指标 n1-2、常规课程教学能力指标 n1-3、常规课程教学方法指标 n1-4，以及学术水平指标 n1-5。实践素质评价指标 n2 包括了三个二级指标，分别是实践教学态度指标 n2-1、实践教学能力指标 n2-2，以及实践教学方法指标 n2-3。每一个二级指标下又包含了若干个三级指标。

2. 确定刑事技术教学评价指标权重的评价集

为了更准确地衡量刑事技术教学的质量，我们采用了层次分析法将各类指标分成了五个等级，分别代表了它们在教学质量评估中的重要程度。这五个等级分别是：很重要、较重要、平均水平、不太重要、不重要，分别对应着 5、4、3、2、1 这五个权重值。

3. 确定刑事技术教学评价指标的权重矩阵

在确定刑事技术评价指标的权重时，我们采取了一系列慎重的措施，确保权重的确定具有高度可信度和效度。我们特别邀请了刑事科学技术专业领域的专家、教学能手以及教研室主任等资深人员参与评价过程。通过结合刑事科学技术专业教师评价指标集，他们对于评价体系中的各项指标进行了认真评估和权重确定，以确保评价体系的科学性和准确性。

4. 计算各个指标的权重

结合刑事科学技术专业教学的评价指标矩阵和评价指标集 V1，我们能够推导出刑事科学技术专业教学各项评价指标的权重分配。

二、刑事科学技术专业教学质量的评价流程

（一）360°评价主体的选择及其评价置信度

不论采用何种评价方法，评价的关键在于评价主体。在刑事科学技术专业教学中，评价主体应该是那些有机会近距离观察教师授课或者能够评估教学效果的人。然而，不同的评价主体对教师的观察角度、评测方法以及评价范围都存在差异，因此其评价结果和适用范围也会有所不同。

1. 以学生作为评价主体

学生是教师所服务的对象，通过学生的评价，教师可以了解自己在教学方面的表现，从而做出改进以提升教育教学的质量。然而，需要注意的是，由于学生在知识、经验以及能力方面有限制，他们可能无法对教师的教学工作做出全面准确的评价。因此，学生的评价应该作为教师课堂教学发展性评价的重要参考依据，而不应单独作为考评教师的主要依据和最终决定因素。在教师评价体系中，除了学生评教外，还应结合其他评价方式，如同行评教、教学观摩等，以全面准确地评估教师的教学水平。这样才能更好地促进教师教学能力的提升，推动教育教学工作不断迈上新台阶。

2. 以教师自己作为评价主体

教师对自己的教学行为有着最为深刻的了解，因此在发展性评价过程中，教师通常能够相当客观地评价自己的教学工作，从而为进一步的反思和改进提供有力支持。这种自我评价往往能够产生比外部评价更为积极的激励作用，促使教师不断提升教学水平。

然而，在奖惩性评价中，教师可能会受到自身利益等因素的影响，难以公正客观地评价自己的教学工作。此时，可能会出现一些倾向性或者主观性的评价结果，不利于准确地了解教师的真实教学水平。

因此，在教师评价体系中，既要充分重视教师自我评价的作用，也要引入外部评价和同行评价等多种评价方式，以确保评价过程的客观性和公正性。这样才能真正帮助教师认清自身的教学优势和不足，从而有针对性地进行改进和提升，为学生提供更高质量的教学服务。

3. 以同行作为评价主体

同行评价是一种高效的评价方式，因为同行教师对于所评价教师的学科和课堂教学非常熟悉。这种形式的评价有助于教师们共同提升教学水平，发挥彼此的专业优势。同行评价特别适用于教师的教学形成性评价，能够及时反馈教学中的亮点和改进空间，帮助教师们在教学中不断成长。

然而，需要注意的是，同行评价也可能受到相互利益的影响，因此在总结性评价中使用时需谨慎。在同行评价的过程中，教师们可能会考虑到彼此的关系和互惠互利的因素，这可能会影响到评价的客观性。

因此，为了保证评价的客观性和公正性，可以考虑引入多方评价，包括学生评价、自评等方式，从不同角度获取评价信息，综合考虑各方反馈，全面了解教师的教学水平，从而为教师提供更有针对性的成长建议和改进方向。这样的评价体系将更有利于提升教学质量，促进教师的专业发展。

4. 以专家作为评价主体

专家评价在教师的发展性评价和总结性评价中具有显著的作用，这是因为专家们拥有丰富的教学经验和权威的学科知识。他们能够为教师提供高水准的指导和建议，帮助教师们改进教学方法，提升教学质量。

尤其是在教学领域专业性较高的科目或者新颖前沿领域，专家评价尤为重要。专家们可以通过深入了解课程内容、教学方法以及教学效果，提供具有建设性的反馈意见，为教师的教学工作提供科学、专业的引导。

然而，受到人力和时间等方面的限制，专家评价往往难以应用于所有教师的全面评价。因此，在实际操作中，可以通过合理安排专家评价的对象，针对重点科目或者需要重点发展的教师进行评价，以确保评价过程的高效性和实效性。

此外，也可以在专家评价的基础上引入其他评价方式，如同行评价、学生评价等，通过多方位的反馈信息，为教师提供全面、准确的评价结果，从而促进教师的专业发展和教学水平的提升。这样的综合评价机制将更有利于教育教学工作的持续改进和提高。

5. 以领导作为评价主体

领导评价是一种非常重要的评价方式，它能够全面客观地评估教师的工作态度、教学过程、教学效果，以及参与教学改革与建设等各方面情况。相比于其他评价主体，领导在这方面拥有独特的洞察力和评估能力，因此在教师的总结性评价中，领导评价的地位不可替代。

不同评价主体往往只能从特定的侧面和角度对教师的工作进行评价，难以全面地了解和评估教师的教学工作。领导作为学校管理层的代表，拥有更广泛的视野和综合性的认知，能够将各方面的评价因素融合在一起，形成一个全面而准确的评价结果。

领导评价在教师的职业生涯发展中扮演着重要的角色，它为教师提供了及时的反馈和指导，帮助他们更好地发挥自己的教学潜力，提升教育教学水平。此外，领导评价也为学校提供了一个有效的管理工具，可以及时发现和解决教学过程中存在的问题，推动教育教学质量的持续提高。

然而，领导评价也应该秉承公正、客观、科学的原则，避免受到个人偏好或其他因素的干扰。同时，领导评价也可以与其他评价方式相结合，形成一个多维度、多角度的评价体系，以确保评价结果的全面性和准确性，为教师的职业发展提供有力支持。

（二）刑事科学技术专业教师表现度评价集

刑事科学技术专业的教学评价是一个十分重要的环节，它可以全面地了解教师在教学工作中的表现。在进行评价时，各类考核主体会根据教师的表现程度给予相应的评分，这一过程可以被视为对教师综合素质和教学能力的一次全面审视。

评价指标集 V1 以十分制来衡量教师的表现度，这包括了从表现很好到表现很差的五个层次。这种分级制度可以更准确地反映教师在各方面的实际表现，从而帮助评价者形成一个相对客观的评价结果。不同的评价主体可以根据实际情况和需要来灵活运用这一评价指标集，以确保评价结果的准确性和公正性。

值得一提的是，不同的公安类高等院校在教学评价方面可能会有一些特殊的要求和侧重点，因此可以根据自身的情况确定相应的刑事科学技术专业教师表现度评价指标集。这样的灵活性可以更好地适应各个学校的实际教学环境和特色，从而使评价工作更加科学、合理、有效。

参考文献

[1] 钟登华.新工科建设的内涵与行动[J].高等工程教育研究,2017(03):1-6.

[2] 顾佩华.新工科与新范式:概念、框架和实施路径[J].高等工程教育研究,2017(06):1-13.

[3] 林健.深入扎实推进新工科建设——新工科研究与实践项目的组织和实施[J].高等工程教育研究,2017(05):18-31.

[4] 郑庆华.新工科建设内涵解析及实践探索[J].高等工程教育研究,2020(02):25-30.

[5] 李茂国,朱正伟.工程教育范式:从回归工程走向融合创新[J].中国高教研究,2017(06):30-36.

[6] 吴涛,吴福培,包能胜,等.新工科内涵式发展理念的本质溯源[J].高等工程教育研究,2018(06):16-22+54.

[7] 李华,胡娜,游振声.新工科:形态、内涵与方向[J].高等工程教育研究,2017(04):16-19+57.

[8] 夏建国,赵军.新工科建设背景下地方高校工程教育改革发展刍议[J].高等工程教育研究,2017(03):15-19+65.

[9] 李培根.工科何以而新[J].高等工程教育研究,2017(04):1-4+15.

[10] 李拓宇,施锦诚.新工科文献回顾与展望:基于"五何"分析框架[J].高等工程教育研究,2018(04):29-39.

[11] 刘坤,陈通.新工科教育治理情境综论[J].天津大学学报(社会科学版),2020,22(05):411-416.

[12] 李志峰,陈莉.我国高等工程教育转型:历史变迁与当代实践逻辑[J]高校教育管理,2019(4):91-98.

[13] 蔡映辉.新工科体制机制建设的思考与探索[J].高教探索,2019(01):37-39+117.

[14] 叶民,孔寒冰,许星.新工科实践路径探讨:基于扎根理论的CDIO转换平台建构[J].高等工程教育研究,2018(04):11-17+100.

[15] 陈慧,陈敏.关于综合性大学培养新工科人才的思考与探索[J].高等工程教

育研究,2017（02）：19-23+47.

[16] 林健，彭林，Brent Jesiek. 普渡大学本科工程教育改革实践及对新工科建设的启示 [J]. 高等工程教育研究,2019（01）：15-26.

[17] 徐晓飞，沈毅，钟诗胜，等. 新工科模式和创新人才培养探索与实践——哈尔滨工业大学"新工科'Ⅱ型'方案"[J]. 高等工程教育研究,2020（02）：18-24.

[18] 谢笑珍."产教融合"机理及其机制设计路径研究 [J]. 高等工程教育研究,2019（05）：81-87.

[19] 冯贺. 马克思共产主义思想的"人与自然"关系之维——对《1844 年经济学哲学手稿》的解读 [J]. 理论界.

[20] 陈洁. 试论 G.E. 摩尔对黑格尔和康德的批判 [J]. 黄河水利职业技术学院学报,2009,21（03）：88-91.

[21] 詹世友. 从教化论视角阐释《法哲学原理》之义理 [J] 道德与文明 2023（1）：12.113-124.

[22] 刘建民. 黑格尔《法哲学原理》之"抽象法"解读 [J]. 中南大学学报（社会科学版）,2011,17（05）：84-88.

[23] 桂劲松，张祖平，郭克华. 新工科背景下高校新专业建设思路探索与实践——以数据科学与大数据技术专业为例 [J]. 计算机教育,2018（07）：27-31.

[24] 陈先达. 思想中的时代和时代中的信仰 [M]. 北京：中国人民大学出版社,2018

[25] 王学俭. 现代思想政治教育前沿问题研究 [M]. 北京：人民出版社，2008.

[26] 刘娟，王锡森，张智平. 社会主义核心价值体系与社会主义核心价值观 [M]. 北京：人民出版社，2020.

[27] 王占仁. 高校思想政治教育如何实现全程、全方位育人 [J]. 教育研究,2017,38（08）：25-31.

[28] 夏小雪. 高职院校音乐课思政教育路径探究 [J]. 教师，2023（14）：69-71.

[29] 张晨宇，刘唯贤. 课程思政的基本内核与生成逻辑 [J]. 中国高等教育,2021（12）：40-41.

[30] 张旭，李合亮. 廓清与重塑:回归课程思政的本质意蕴 [J]. 思想教育研究,2021（05）：116-121.

[31] 石定芳，廖婧茜. 新时代高校课程思政建设的本真，阻碍与进路 [J] 现代教育管理 2021（4）：7.

[32] 杨守金，夏家春."课程思政"建设的几个关键问题 [J] 思想政治教育研究 2019：98-101.

[33] 郝德永."课程思政"的问题指向、逻辑机理及建设机制 [J]. 高等教育研究,2021,42（07）：85-91.

[34] 杨建义 . 全面提高高校人才培养能力视野下的 " 课程思政"建设 [J] 思想理论教育导刊 2021（07）：128-132.

[35] 赵秉志 . 犯罪构成论体系比较研究 [M]. 北京：法律出版社，2021：575.

[36] 别敦荣 . 论高等教育内涵式发展 [J]. 中国高教研究 ,2018（06）：6-14.

[37] 陈光中 . 刑事诉讼法 [M].7 版 . 北京：北京大学出版社，2021.

[38] 刘玉江 . 公安院校刑事诉讼法学"课程思政"要求及其实现 [J]. 江苏警官学院学报 ,2021,36（01）：105-112.

[39] 高燕 . 课程思政建设的关键问题与解决路径 [J]. 中国高等教育 ,2017（Z3）：11-14.

[40] 刘鹤 , 石瑛 , 金祥雷 . 课程思政建设的理性内涵与实施路径 [J]. 中国大学教学 ,2019（03）：59-62.

[41] 邓绍秋 . 刑事技术应用型人才培养模式改革刍议 [J]. 湖北教育学院学报 ,2006（07）：104-105+117.

[42] 齐麟 . 公安院校"实战型"刑事技术人才培养模式研究 [J]. 公安教育 ,2016（09）：55-57.

[43] 田应辉 , 徐森 . 高职院校课程思政理念融入专业课教学探究 [J]. 辽宁高职学报 ,2020,22（04）：48-51+88.

[44] 刘宏达 , 万美容 , 等 . 高校思想政治工作前沿问题研究 [M]. 北京：人民出版社，2020.

[45] 宗兴森 . 公安高职高专院校刑技专业教学现状与内容改革 [J]. 广州市公安管理干部学院学报 ,2007（01）：60-62.

[46] 中国警察学会 . 中国警察法学 [M]. 北京：群众出版社，2002.

[47] 陈洪波 , 王军朋 . 当前刑事技术存在的问题与思考 [J]. 山东公安专科学校学报 ,2004（03）：106-107.

[48] 苏国红 , 李卫华 , 吴超 . 习近平"立德树人"教育思想的主要内涵及其实践要求 [J]. 思想理论教育导刊 ,2018（03）：39-43.

[49] 时显群 . 法学专业"课程思政"教学改革探索 [J]. 学校党建与思想教育 ,2020（04）：59-60.